**머뭇거려**
**후회하고**
**말 못해서**
**손해 보지 않고**
**속 시원히**
**거절하는 기술**

# 머뭇거려 후회하고
# 말 못해서 손해 보지 않고
# 속 시원히 거절하는 기술

**초판 1쇄 인쇄** | 2019년 1월 24일
**초판 1쇄 발행** | 2019년 1월 31일

**지은이** | 강경희
**펴낸이** | 박영욱
**펴낸곳** | 북오션

**편   집** | 허현자 · 이상모
**마케팅** | 최석진
**디자인** | 서정희 · 민영선

**주   소** | 서울시 마포구 월드컵로 14길 62
**이메일** | bookocean@naver.com
**네이버포스트** | m.post.naver.com ('북오션' 검색)
**전   화** | 편집문의: 02-325-9172    영업문의: 02-322-6709
**팩   스** | 02-3143-3964

**출판신고번호** | 제313-2007-000197호

ISBN 978-89-6799-450-1 (03190)

이 도서의 국립중앙도서관 출판예정도서목록(CIP)은 서지정보유통지원시스템
홈페이지(http://seoji.nl.go.kr)와 국가자료공동목록시스템
(http://www.nl.go.kr/kolisnet)에서 이용하실 수 있습니다.
(CIP제어번호: CIP2018042736)

# 머뭇거려
# 후회하고
# 말 못해서
# 손해 보지 않고
# 속 시원히
# 거절하는 기술

강경희 지음

북오션
콘텐츠그룹

당신은 주위 사람들한테 사랑받고 싶은 마음을 강하게 갖고 있는가?

자신의 생각보다 상대의 의견을 우선시하고 상대의 반응에 따라 말을 바꾸고 있지는 않은가?

직장에서는 확실한 의견을 말하지 못하고 어정쩡한 입장을 취하기 때문에 스트레스를 받고 있지는 않은가? 주위 사람들의 말에 자주 휘둘리고 있지는 않은가?

이 질문에 한 가지라도 해당한다면 당신은 'No'라고 말하는 기술이 필요하다. 이렇게 하면 어긋나는 일을 피할 수 있다.

그러나 많은 사람들이 'No'라고 말하면 상대가 싫어한다고 생각한다. 그래서 미움받고 싶지 않아서 솔직하게 'No'라고 말하지 못하는 사람들이 많아지고 있다. 미움받아서 외톨이가 될지 모른다는 두려움이 강하기 때문이다. 이런 두려움으로 인해 자신의 생각을 솔직하게 말하지 못하고 있다.

또한 자신이 곤란하고 어려운 상황에 처했을 때 어떻게 대화해야 좋을지 모르는 사람들이 늘어나고 있다. 이런 사람들은 상대한테 'No'라고 말하는 것을 굉장히 어려워한다.

이 책은 상대가 오해하지 않도록 하면서 상대한테 상처주지 않고 'No'라고 말할 수 있는 기술을 습득하기 위한 책이다.

이 책은 상대를 거절하고 비난하기 위한 'No'가 아니라 자신의 마음을 솔직하게 말하고 인간관계에서 발생하는 문제를 해결하는 능력을 높이기 위한 대화 기술을 소개하고 있다. 다른 말로 어서티브 커뮤니케이션 스킬(Assertive Communication Skill)이고 우리말로는 '자기주장 기술'이다.

어서티브 대화 기술은 상대를 존중하면서 솔직하게 말하는 대화 기술이다. 가령 친구의 권유로 내키지 않은 모임에 'No'라고 말하지 못하고 억지로 나갔다고 하자. 모임에 나갔어도 불편하고

내키지 않던 싫은 마음은 없어지지 않고 어딘가에 남아 있다. 이럴 때 친구한테 싫은 내색을 하면서 '네 말대로 참가했으니까 고맙게 생각하라'는 우월한 태도를 취하게 되고, 이런 태도로 인해 친구와 관계가 나빠지게 되는 경우를 흔히 볼 수 있다.

어서티브 대화 기술은 모임에 가고 싶지 않다고 'No'라고 솔직하게 말하고, 상대인 친구는 선입관이나 고정관념을 갖지 않고 있는 그대로 받아들여 진정한 소통이 되도록 한다. 'No'를 솔직하게 말하지 못하기 때문에 신뢰관계에 금이 가고 인간관계가 어긋나고 있다.

대부분 사람들은 어떤 문제가 생기면 상대한테 책임을 전가하는 경향이 있다. 어서티브 대화 기술에서는 자신의 생각을 중요하게 생각하면서 상대를 존중하는 의식을 강조한다. 그래야 서로가 만족할 수 있는 결과를 만들 수 있기 때문이다. 상대를 존중한다

면 자신이 유리한 상황에 있다고 해서 우월한 태도를 취한다거나 불리한 상황에서 굽신거리는 태도로 대화하지는 않는다. 상대를 배려하면서 대화할 때 진심이 전달되고 'No'라고 말하는 것은 긍정적인 결과가 될 수 있도록 한다. 그러면 당신은 원하는 일에 보다 많은 시간을 쓰면서 마음의 여유를 갖고 생활할 수 있게 될 것이다. 결과적으로 시간과 에너지를 낭비하지 않으므로 보다 만족한 인생을 보낼 수 있게 된다.

'No'를 말하는 목적은 당신이 만족하고 행복하기 위해서라는 것을 잊지 않도록 한다.

커뮤니케이션 문제로 고민하고 있는 당신에게 이 책이 실질적인 도움이 될 것이다.

강경희

차례

들어가는 말    4

**1장** 우리는 왜 'No'라는 말을 못하는가?

착한 사람이 되라고 교육받았다    15

미움받아서는 안 된다는 선입관    19

거절에 대한 두려움이 있다    23

평등한 관계에서 대화한 적이 없다    27

자신의 권리를 잃어버리고 있다    31

자신의 존재를 과소평가하고 있다    38

## 2장 후회하지 않게 'No'라고 말하는 기술

무엇에 대한 'No'인가를 명확히 한다　45

'No'라고 말할 때 불필요한 말을 하지 않는다　48

간결하고 직접적으로 거절한다　51

상처주지 않기 위해 시간을 번다　54

자신의 인생철학을 확실하게 주장한다　58

솔직하게 거절한다　61

'고장 난 레코드'처럼 반복해서 말한다　67

때로는 이유를 말하면서 거절한다　74

관계자를 끌어 들여 거절한다　77

가능한 빨리 그 장면을 벗어난다　84

## 3장 직장에서 현명하게 'No'라고 말하는 기술

현명하게 거절하면 업무능력이 향상된다　91

자신을 혹사시키지 않고 능력의 한계를 인정한다　95

적극적인 사람이란 이미지를 만든다　99

권위적인 상사와 대화할 때　104

상사가 부하에게 'No'라고 말할 때　108

사적인 심부름을 시키는 상사에게 'No'라고 하는 기술　114

'No'라고 말하기보다 협상하는 방법도 있다　119

부당한 요구를 맡았을 때 다른 사람한테 떠넘긴다　123

무례한 행동을 하는 사람　127

성희롱에 대응한다　131

## 4장 내키지 않는 모임에 'No'라고 말하는 기술

의미없는 모임은 거절한다　139

갈 것인가 말 것인가 판단하는 기준　143

상처주지 않고 거절하는 기술　147

꼬치꼬치 캐묻는 사람의 경우　152

강요나 강매를 거절하는 방법　156

흥겨운 분위기에서 술을 거절하는 경우　160

난처한 질문을 피하는 방법　164

이용당하지 않는다　167

## 5장 가까운 사람에게 'No'라고 말하는 기술

가족에게 'No'라고 말한다　173

부부 간에 'No'라고 말하는 기술　181

아이한테 'No'라고 말하는 기술　188

불성실한 친구한테 'No'라고 한다　196

연인한테 'No'라고 말하는 기술　202

친한 선배가 '갑질' 할 경우　208

친한 상사가 부당한 요구를 할 경우　212

프라이버시를 침해하는 후배한테 'No'라고 말한다　215

## 6장 어서티브하게 'No'라고 말하는 기술

비난이나 질책을 받았을 경우    221

빌려간 물건을 돌려주지 않는 경우    229

화가 난 고객의 무례한 막말에 대응하는 경우    233

업무적인 친절을 개인적인 호감으로 착각하는 경우    237

이직이나 퇴직하겠다고 말하는 경우    240

상사가 퇴근하지 않아 눈치보고 있는 경우    243

의도적으로 영향력을 행사하는 상사의 경우    246

선배가 험담해서 사기를 떨어뜨리는 경우    249

부정적인 발언으로 직장 분위기를 해치고 있는 경우    251

자랑담을 하는 상사나 선배의 경우    255

사소한 것을 지적당하는 경우    259

# 제1장

# 우리는 왜 'No' 라는 말을 못하는가?

평등한 관계는 자기 입장을 고집하거나 이기적으로 보일까 걱정하지 않고 서로가 이렇게 행동해야 한다고 강요하지 않는다.
서로가 당당하게 자기주장을 할 수 있고 자기주장을 하면 이기적인 사람이라는 선입관을 갖지 않는 관계를 말한다.

착한 사람이 되라고
교육받았다

 

당신은 하고 싶은 말을 하지 못해 남들한테 이용당한 경험이 있을 것이다. 상사나 동료한테 받은 부탁을 거절하지 못하거나 처리해야 할 일이 너무 많아 뭔가에 쫓기는 듯한 기분이 든 적도 있을 것이다. 나도 당신도 우리는 도대체 왜 'No'라는 말을 잘 못하는 것인가? 먼저 이 질문에 대한 답을 하기 위해 우리가 어렸을 때부터 어떤 경험을 하면서 자랐는지 살펴보자.

인간은 태어나면서 울음을 터뜨린다. 태어나자마자 터뜨리는 울음은 자기주장이라고 할 수 있다. 태어나면서 가장 먼저 감정을 표현하고, 맘에 들지 않으면 울고 보채며 소리를 질러 감정을 드러낸다. 그리고 아이가 말을 배우고 나서 가장 많이 하는 말은 "아니야!", "싫어!"라는 말이다. 아이는 좋아하는 것을 해 줄 때까지

"아니야!"라고 말한다. 아기가 걷게 되면서부터 어디든지 걸어가고 넘어지면서 자유롭게 다닌다. 이때 부모는 아기가 다치지 않게 돌보느라 다른 일을 할 수 없어 귀찮아한다. 잠시라도 아기한테 눈을 떼면 멋대로 돌아다니기 때문에 일일이 따라다니면서 행동을 통제하기가 힘들어진다. 그래서 아기가 자라서 걷고 말하고 부모의 말을 이해할 정도로 성장하면 아이를 통제할 다른 방법을 생각한다.

이때부터 부모는 행동을 통제하기보다 심리적인 통제를 하기 시작한다. 부모의 말을 듣지 않는 행동을 하면 '나쁜 아이'라고 가르치고, 부모 말을 잘 듣고 공손하게 잘 따르면 '착한 아이'라고 가르치면서 불안감이나 두려움, 죄책감이 들도록 가르친다. 이것은 '조종'이다.

부모는 아이의 사소한 행동마다 착한 아이, 좋은 아이, 말 잘 듣는 아이라고 가르치고, 말을 듣지 않으면 나쁜 아이, 못된 아이, 제멋대로 하는 아이라고 말하면서 아이를 조종한다. 이러한 과정을 통해서 아이였던 우리는 부모의 말에 따라 죄책감을 느껴야 했고, 이런 감정을 느끼지 않도록 하기 위해서는 부모가 시키는 대로 따를 수밖에 없었다.

이렇게 착한 아이, 나쁜 아이로 교육시키는 것은 아이의 행동을 통제하기 위한 효율적인 방법이기는 하지만, 교묘하게 조종해서 세뇌시키는 방법이기도 하다. 부모는 아이한테 "말 안 들으면 나쁜 사람이야. 나쁜 사람은 경찰 아저씨가 잡아 간다"고 하거나 "네가 착한 아이가 아니라고 선생님한테 말해서 혼내 주게 할 거야"라고 하면서 아이한테 두려움이나 죄책감을 심어 준다. 즉, 그 상황에서 부모로서 아이한테 솔직하게 말하지 않고 권위의 힘을 빌려서 아이가 복종하도록 한 것이다.

다른 측면으로 보면 어렸을 때부터 공손하게 굴고 다른 사람을 도와줘야 착한 사람이 된다고 강조한다. 가령 무거운 짐을 들고 가는 사람을 도와주거나 어려운 상황에 처한 사람을 도와줘야 한다고 말한다. 반면에 다른 사람의 부탁을 거절하는 것은 나쁜 태도라고 가르친다. 어렸을 때를 돌이켜보면 친구들과 놀고 있을 때 종종 엄마가 불러서 심부름을 시킨 적이 있다. 재미있게 놀고 있어서 심부름 가기 싫다고 말하고 싶었지만, 부모님 말씀을 잘 들어야 착한 사람이 된다고 배웠기 때문에 심부름을 잘 했다.

우리들은 성장하면서 부모가 가르쳐 준 가치관대로 행동한다. 다른 사람들이 무언가를 부탁하거나 요청해오면 그것을 습관적으로 받아들이고 있다. 그렇게 하는 것이 착한 사람, 좋은 사람이 된다고 배웠기 때문이다. 이러한 습관은 어른이 되고 나서도 컴퓨터 프로그램처럼 자동적으로 반응한다.

주위 사람이 당신한테 무언가를 부탁하면 그것을 습관적으로 받아들이고, 그러면서 당신의 귀중한 시간, 돈, 에너지를 낭비하고 있다.

게다가 주변 사람들과 부딪치지 않고 문제를 일으키지 않기 위해 양보하고 이해해야 한다고 생각한다. 그렇게 함으로써 당신은 좋은 사람으로 칭송을 받는다. 그러는 가운데 주변 사람들은 당신이라면 모든 것을 다 이해해 줄 거라고 생각하고, 언제부터인지 당신은 사람들의 반응이 무서워 'No'라고 거절하지 못하는 사람이 된다.

결국 당신은 사람들한테 이용당하거나 아니면 일방적으로 봉사하는 사람이 되고 만다. 이렇게 주변 사람들의 요구를 모두 들어주면 당신의 몸과 마음은 배겨나지 못한다. 싫은 일은 싫다고 말하고 거절하고 싶을 때는 'No'라고 확실히 말해야 한다. 그러나 'No'라고 말하고 싶을 때 말하지 못하고 얼버무리고 꽁무니를 빼는 경우가 많다. 상대와 싸움이 될까 두려워서 말하지 못하고, 거절의 말을 하면 죄책감을 느끼기 때문이다. 그래서 자신의 일보다 다른 사람의 용무를 우선시하고, 얻을 것이 없는 모임에 나가서 시간낭비를 하고 있다.

미움받아서는
안 된다는 선입관

　우리는 사람들한테 사랑받고 싶어 한다. 처음 만나는 사람들한테도 좋은 인상을 주고 친밀한 관계가 되길 바란다. 사람들한테 사랑받고 싶다는 욕구가 강하면 강할수록 자신의 생각은 뒷전이고 다른 사람들의 생각을 우선시한다. 그래서 누군가가 부탁을 하면 거절하지 못한다. 거절하면 그 사람이 당신을 미워할지 모르고 그러면 당신이 하고자 하는 일이나 당신의 일에 협조해 주지 않을 거라고 생각하고 있다.

　특히 비즈니스로 만난 사람 중에는 상대에게 호감을 줘야 한다고 생각하는 사람이 많다. 예를 들어 판매점에서 판매원이 상품을 억지로 떠맡기다시피 강매하고 있을 때, 뭔가 한 마디를 해주고 싶어도 애써 참는 사람들이 있다. 상대의 잘못을 지적하거나 불만을 말하면 상대가 자신을 싫어할지 모른다는 선입관 때문이다. 즉, 상대한테 미움받을지 모른다는 불안감 때문에 'No'라고 거절하지 못하는 것이다.

우리는 누군가 나를 미워하지 않을까 하는 걱정이나 두려움을 갖고 있다. 이런 걱정을 갖고 있으면 진짜 자신이 하고 싶은 말을 하지 못하고 상대와 평등한 인간관계를 가질 수 없다.

상대가 '날 싫어하면 어떡하지?' 하는 불안감 때문에 상대의 말에 "맞아", "그래" 하고 무조건 호응하는 말만 하게 되고 자신이 하고 싶은 말을 못하게 된다. 이러면 상대에게 이용당하고 조종당하게 된다.

주변 사람이 당신한테 부탁을 했다고 하자. 당신은 이 부탁을 거절하면 사람들이 당신에 대해 어떤 말을 할까 지나치게 걱정돼서 그 부탁을 들어줄 능력이 안 되지만 부탁을 들어주겠다고 하는 경우도 있다. 이런 경우에는 상대에게 잘 보이고 싶고 능력이 있는 사람으로 보이고자 하기 때문이다.

사람들이 당신을 좋아하지 않는다고 해서 불안해할 필요는 없지만, 당신은 보다 '대단한 사람'이라는 것을 보여주기 위해 부탁을 들어준다. 부탁을 들어주면 미움받지 않고 대단하고 근사한 사람이라는 칭찬의 말을 듣는다. 이렇게 칭찬하는 말을 들으면 기분이 좋아진다. 당신을 대단한 사람으로 보고 있는 사람들의 부탁을 거절해서 그들을 실망시키지 않으려고 한다. 하지만 이런 칭찬의 말은 아첨이고 당신을 조정하고 이용하기 위한 목적이라는 것을 잊어서는 안 된다.

조연희(37)는 웹디자이너로 일하면서 마라톤 동호회에 가입해서 일주일에 두 번씩 마라톤을 하고 있다. 마라톤 대회에 나가서 가끔씩 입상하기도 해서 시간 날 때마다 재능기부로 자원봉사도 하고 있다. 회원으로 가입해서 자원봉사를 하고 있는 자선단체의 대표가 연희가 웹디자이너라는 것을 알고 그 재능을 이용하고자 연희에 대해 굉장한 칭찬을 했다. 연희는 기분이 좋았고 자신을 알아주는 것같아 단체의 대표에게 호감을 느꼈다. 대표는 여러 가지 칭찬을 하고 나서 자선단체를 위해 웹디자인을 만들어 줄 수 있느냐는 말을 했다. 홈페이지를 새롭게 단장할 예정인데 연희한테 그 일을 해달라고 부탁한 것이다. 대표는 연희가 거절할 수 없게 하려고 아첨을 하고 연희의 장점을 부각시켜 준 것이다. 연희는 입장이 곤란했지만 이렇게까지 말하는데 거절해서 실망시킬 수는 없다고 생각하면서 대표의 부탁을 수락했다.

이렇게 상대를 이용하기 위한, 칭찬을 가장한 아첨에 속지 않아야 한다. 더욱이 당신이 원하지 않는 일을 부탁받았다면 머뭇거리지 않고 거절할 수 있어야 하고 칭찬하는 말에 휘둘리지 않아야 한다.

모임에 초대를 받았을 때도 그냥 "안 돼요"라고 거절하지 못한다. "안 돼요"라고 말하면 상대가 상처를 받을 거라고 생각하거나, 상대의 말에 동의하지 않으면 미움받을지 모른다고 생각한다. 그래서 거절해야 하는 상황이 되면 있는 그대로 솔직하게 말하지 못하고 거짓말로 둘러대거나 그럴듯한 이유를 내세우고 있다.

모임에 초대받았을 때 "이번 모임에는 내키지 않아서 그러는데 다음에 갈게" 하고 솔직하게 말하지 못한다. 그 대신 상대가 기분 나쁘지 않을 적당한 이유로 둘러대서 말해야 상대한테 미움받지 않는다고 잘못 생각하고 있다.

우리는 다양한 사람들과 어울리면서 살아가고 있다. 어떤 사람들은 당신의 행동을 싫어할 수 있고 살다 보면 사람들한테 미움받을 수도 있다. 누군가한테 미움받았다고 해서 낙심하고 실망하지 않고 "나는 나다"라고 당당하게 행동할 수 있어야 한다.

## 거절에 대한 두려움이 있다

많은 사람들이 거절하는 것에 대해 두려움을 갖고 있다. 상대한테 거절당하는 것도 싫어하지만 자신이 거절하는 것도 싫어한다. 거절하는 것을 상대라는 '사람에 대한 거절', '상대를 거부하는 것'이라고 잘못 생각하고 있다.

우리가 거절한다고 했을 때는 상대라는 인격을 거절하는 것이 아니라, 자신의 여러 가지 의견 가운데 'No'라는 의견을 상대한테 전달하는 것이다. 사람은 각자 사정이 모두 다르다. 그래서 상대의 요구를 들어줘서 'Yes'라고 말할 때도 있고 'No'라고 말할 때도 있다. 그런데도 거절하면 인간관계에 틈이 생기지 않을까, 상대가 화를 내지 않을까 하는 두려움을 갖게 된다.

거절에 대한 두려움을 갖고 있으면 주위 사람들에게 따돌림을

당하지 않기 위해 그 사람들의 기대에 맞춰 행동한다. 사람들이 원하는 행동을 하면 거절당하지 않을 것이라고 생각한다. 하지만 사람들한테 거절당한다고 하더라도 정말 자신이 원하고 바라는 것을 말하는 것이 중요하다.

예를 들어 김승철(36)은 이혼하고 1년 정도가 지나 직장 동료 최수지(35)와 데이트를 했다. 수지도 이혼의 경험이 있어서 대화가 잘 통했고, 함께 있는 시간이 즐거웠고 서로 좋아하는 감정도 느꼈다. 두 사람은 재혼하기로 결심하고 양가 집안에 재혼하겠다고 알렸다. 한 가지 문제는 여자인 수지한테는 아이가 있었고 남자인 승철은 아이가 없었다. 승철의 부모는 수지가 전남편의 아이를 데리고 온다면 재혼에 찬성할 수 없다고 했다. 재혼하면 두 사람의 아이를 낳아야 하고 전남편의 아이를 데리고 살면 여러 가지 문제가 생긴다고 강하게 주장했다. 부모와 사이가 멀어지고 싶지 않았던 승철은 결국 부모의 말에 따라 수지와 헤어지기로 했다. 승철은 수지와 헤어지고 난 다음 부모의 말에 따라 수지와 헤어진 것을 후회했다.

거절에 대한 두려움을 갖고 있으면 인간관계뿐만이 아니라 자신이 좋아하는 일이나 중요한 것을 포기하는 경우도 있다. 승철은 부모의 영향력에 휘둘려 자신이 좋아하는 수지와 헤어진 것이다.

거절에 대한 두려움이 있으면 마음속으로는 거절하고 싶어도 솔직하게 말을 못 한다. 오히려 얼굴에 미소를 띠면서 'Yes'라고 말하게 된다. 하지만 당신을 신뢰하거나 이해해주는 사람의 부탁을 거절했다고 해서 관계가 깨지지 않는 사례는 많이 있다.

물론, 당신이 거절하면 화를 내는 사람도 있을 것이다. 그런 사람은 자신의 사정을 우선시하고 다른 사람의 사정을 생각하지 않는 사람일지 모른다. 혹은 그 사람도 거절한 것을 자신이 거부당했다고 잘못 생각하는 사람일지 모른다.

어느 쪽이든지 이런 사람을 일일이 신경 쓸 필요는 없다. 사람은 각자 사정이 있다는 것을 이해하지 못하는 사람이라면 이런 사람을 걱정할 필요는 없다. 결국 그 사람과 당신과의 관계는 겉으로만 알고 지내는 관계이고 서로를 이해하는 관계라고 볼 수 없기 때문이다.

이런 관점에서 생각하면 거절하는 것을 계기로 상대와 자신과의 관계를 알 수 있는 기회이기도 하다. 또한 거절하는 것이 의사 표현이라면 상대의 요구에 대해 일부는 'Yes'지만 일부는 'No'라고 대답할 수도 있다.

예를 들어 상사로부터 내일까지 자료를 만들어 오라는 업무지시를 받았다고 하자. 이때 "지금 하고 있는 업무가 있어서 내일까지 완료하기 어렵고 반 정도밖에 할 수 없다. 전부 완료하기 위해서는 3일 정도가 필요하다"라고 조건을 붙여서 상대의 요구를 거절하는 방법도 있다. 'Yes'나 'No'라는 두 가지 선택밖에 없다고 생각하면 선택의 폭이 좁게 돼서 거절하지 못하는 사람도 있다.

"언제까지 할 수 있다" 혹은 "여기까지만 할 수 있다. 대신에 이 정도는 가능하다"라고 대안을 말하는 것도 거절하는 방법이다.

거절에 대한 두려움으로 거절하지 못하는 사람은 상대한테 미움받지 않기 위해 상대에게 맞춘다. 그러나 이것은 자신의 의견을 주장하지 못하는 것과 마찬가지다.

거절하지 못하는 사람이 자기의 의견을 주장하는 것은 상당한 용기가 필요하다. 왜냐하면 지금까지 다른 사람한테 맞춰왔으므로 여러 부류의 사람들과 사이좋게 지냈다고 생각하고 있기 때문이다. 혹시 자신의 의견을 주장한다면 지금까지 쌓아온 인간관계가 깨지지 않을까 하는 두려움에서 겁쟁이가 된다.

하지만 자신의 의견을 주장하지 못하면 평등한 인간으로서 서로 존중하는 관계가 되지 못한다. 이런 의미에서 거절하는 행위는 평등한 인간관계를 위한 커뮤니케이션 스킬이다.

거절하는 것은 상대를 거부하거나 무시하는 행동이 아니라 자신의 의견을 전달하는 것이라는 점을 기억해 두자.

평등한 관계에서
대화한 적이 없다

사람들은 자신이 우월한 위치에서 상대를 내려다보면서 대화하고자 한다. 자신의 말이 옳고 상대는 자신의 말을 따라야 한다고 생각하고 있다. 이것은 평등한 관계에서 대화하는 것이 아니다. 평등한 관계는 각자가 원하는 것을 말하고 서로에게 필요한 것을 해주는 관계다.

평등한 관계는 자기 입장을 고집하거나 이기적으로 보일까 걱정하지 않고 서로가 이렇게 행동해야 한다고 강요하지 않는다. 서로가 당당하게 자기주장을 할 수 있고 자기주장을 하면 이기적인 사람이라는 선입관을 갖지 않는 관계를 말한다.

즉 인간관계에서 갈등이나 문제가 있을 때, 서로의 행동에 대해 협상할 수 있고 현실적인 타협안을 내놓는 관계다. 우리는 이런 평등한 관계에서 대화하지 않고 어느 한쪽이 우위에 있고 상대는 복종하고 순종하는 관계에서 대화하고 있다.

예를 들어 예전에는 여성은 남성한테 복종해야 했다. 여성은 남성과 같은 대우를 받지 못했고, 남편의 요구를 무조건 따르고 받아들여야 하는 입장이었다. 여성이 남편의 요구를 어떻게 느끼는지는 중요한 문제가 아니었다. 남편 말에 무조건 따르고 복종하라고 했다. 가령, 아내는 밖에 나다니지 않아야 하고 집에서 살림하면서 자식을 키워야 한다고 했다. 때로는 아내가 반발하면 폭력을 행사하거나 대들면 죄책감을 느껴야 한다고도 했다.

시간이 지나면서 여성들은 남편의 일방적인 요구에 조금씩 반기를 들었다. 그렇게 해서 어머니로서, 아내로서, 직원으로서 점차 당당한 사회 구성원이 되어 갔다. 그리고 자신에게 쏟아지는 요구를 당당하게 거절하고 'No'라고 할 수 있는 시대가 되었다.

사회적 지위가 낮은 사람들도 자신의 의지대로 'No'라고 할 수 없었다. 가난하고 교육을 받지 못한 사람들은 사회적으로 지위가 높은 사람들의 요구에 따르고 순응해야 하고 부당하고 불공정한 대우를 참고 견뎌내야 했다. 지금은 사회적 지위에 관계없이 모든 사람들이 거절할 수 있는 권리가 있는 시대이지만, 그래도 '갑을 관계'나 '갑질 사건'과 같은 문제가 우리 주변에 일어나고 있다.

아이들은 학대를 받더라도 거부할 수 있는 권한이 없었다. 특히 우리 사회는 최근에야 아이를 학대한 부모는 친권을 상실하게 하는 법령이 제정되었고, 아동학대 범죄가 의심되는 곳은 아동학대 신고 의무 조항을 만들어 이런 행동을 못하도록 했다.

지금은 예전보다 지위가 높은 사람이나 낮은 사람이나 모두 평등한 관계를 맺을 수 있게 되었다. 보복당할 두려움이 없이 거절할 수 있는 권리도 갖게 되었다. 사회적으로 아직은 많은 문제가 있기는 하지만 모든 사람들을 공정하게 대우하고 자유롭게 자신의 목소리를 낼 수 있도록 하는 방향으로 발전해 가고 있다.

이런 변화에는 인터넷과 모바일이 결정적인 역할을 수행하고 있다고 할 수 있다. 당신이 원한다면 과거 그 어느 때보다 확실하고 분명하게 거절의 말을 할 수 있는 세상이 되었다.

직장 내 괴롭힘(왕따, 폭언), 성희롱, 성폭력, 성추행에 대해서는 더욱 단호하게 거절해야 한다. 특히 직장 내 성희롱은 남성 상사가 여성 직원을 대상으로 하는 경우가 많다. 이런 경우 처음에 확실하게 거절하지 않으면 수위가 점점 높아져 간다. 상대에게 단도직입적으로 불쾌감을 표현하고 단호하게 'No'라고 말해야 한다.

하지만 세상 사람들은 자신은 변하지 않고 원하는 것만 쉽게 얻으려고 한다. 조금이라도 상대보다 우위에 서서 자기 의도대로 조정하려고 생각한다. 당신이 자신의 주장, 생각을 단호하게 표현해야 하는 이유가 여기에 있다. 한마디로 상대한테 얕보이지 않기 위해서 단호해야 한다. 이런 행동은 사회 구성원으로서 더욱 중요하다. 인생을 살아가면서 상대의 횡포로 감당하기 힘든 상황에 놓

여있을 때 'No'라고 말해야 한다.

또한 배우자나 친구, 이웃들이 당신에게 요구하고 기대하는 것도 있을 것이다. 당신이 그간 보여준 생각과 행동을 바탕으로 당신이 해주기를 바라는 것들이다. 만약 이런 요구가 당신 마음에 들지 않는 것이라면 어제까지는 순순히 받아들였을지도 모르나 오늘부터는 조용하고 겸손하지만 단호하게 'No'라고 말한다. 지금까지는 당신이 진짜 원해서 들어줬던 것이 아니라고 말하라. 그것이 당신이 행복해지고 결과적으로 주위 사람들도 행복해지는 길이다.

자신의 권리를
잃어버리고 있다

당신은 자신이 원하는 것을 스스로 결정할 권리가 있다. 너무나 당연한 말이다. 하지만 현실에서는 자신이 원하는 대로 말하고 행동하기를 꺼리는 사람들이 많다. 회의에서 상사와 의견이 다를 경우 발언하지 못하고, 점심시간에 사람들과 식당에 가서 음식을 주문할 때는 자신이 먹고 싶은 것보다 다수가 주문한 메뉴를 선택한다. 혼자만 다른 메뉴를 선택하면 자기중심적인 사람으로 보일까 봐 다수 의견에 묻어간다. 이렇게 자신의 욕구를 누르면 욕구 불만이 생기고, 만족감을 충족시킬 수 없게 된다. 그러면 자신감이 낮아지고 상대에게 솔직하게 자신의 생각을 말하지 못하게 된다.

상대에게 솔직하게 'No'라고 말할 수 있는 능력은 정말 중요하다. 당신을 존중하지 않고 당신을 희생물로 여기는 사람들한테

'No'라고 말할 수 있는 권리가 있다. 당신의 시간과 에너지, 능력, 돈, 인내력, 자존심을 탐욕스럽게 삼키려는 사람들로부터 당신을 지켜주는 것이 바로 'No'라고 말할 권리인 것이다.

누구나 어려움에 처한 사람을 도와주고 싶고 보살피고자 하는 마음이 있다. 특히 여성은 모성애가 있어 어려움에 처한 사람을 보살펴주고 도와주려는 마음이 강하다. 처음에는 동료나 가족, 친구를 대상으로 도와주고 싶다고 생각하지만 점점 모르는 사람한테까지 넓혀간다. 그런데 이런 마음을 이용하려 드는 사람이 있다. 예를 들어 착한 사람의 심리를 이용하는 사람들이다.

당신 친구가 세일즈 교육 프로그램에 참가하라고 권하고 있다. 당신은 그다지 교육에 참가하고 싶은 마음이 없어서 싫다고 하는데도 계속 권하고 있다. 이럴 때 친구한테 그만하라고 말을 해도 되는 권리가 있다.

상대가 부탁을 했을 때 그 부탁을 들어주기 위해 시간과 노력을 들여야 한다면 정말 자신이 그 부탁을 들어줘야 하는지 생각해 본다. 그 부탁을 들어주기 위해 자신의 일을 못하게 되는 것은 아닌지 따져보고 난 다음에 가부를 결정하도록 한다. 중요한 것은 자신의 일을 우선순위에 두고 나서 결정한다. 상사가 부탁했다고 해서 그 부탁을 거절하지 못한다면 당신은 자신의 권리를 잃어버리고 있는 것이다.

예를 들어 상사의 부인이 미술작품 전시회를 개최한다고 퇴근 후에 전시회를 보러 가자고 했다. 당신은 전시회를 보러 가는 것보다 퇴근해서 집에 가서 가족과 함께 지내는 것이 더 중요하다고 생각하고 있다. 이럴 때 당신은 "사모님의 전시회를 축하드립니다. 그런데 저는 저녁에 약속이 있습니다. 다음에 시간 내서 전시회를 보러가겠습니다"라고 말해도 된다. 상사가 부탁을 하더라도 자신의 일보다 우선시하지 않아도 된다. 당신은 자신의 일을 우선시할 권리가 있다.

어떤 사람들은 직장에서 상사의 말을 최우선시 하지 않으면 절대 안 된다고 생각하는 사람도 있다. 물론 이렇게 생각하는 것은 그 사람의 자유다. 현실적으로 상사의 부탁을 모두 들어주는 사람이 출세의 가능성이 높다는 사실을 부정하지는 않는다. 하지만 당신은 자신의 행복을 위해 상사의 요구를 거절할 권리가 있다.

죄책감 때문에 상대의 부탁을 수락하지 않도록 한다. 당신이 누군가에게 부탁을 했다가 거절당한 경험이 있고 비슷한 상황에서 부탁을 받았다고 하자. 당신이 거절당했을 때 느꼈던 실망감을 상대가 느끼면 죄책감이 들기 때문에 부탁을 들어주지 않도록 한다. 당신은 상대의 부탁을 거절해도 죄책감을 느끼지 않을 권리가 있다.

자신이 어떻게 행동할 것인지 판단이 서지 않을 때 자신의 권리를 생각하면 도움이 될 것이다. 당신 인생의 주인으로 살기 위해 자신한테 권리가 있다는 것을 항상 의식한다. 자신의 권리를 반복해서 읽으면서 당당하게 행동하는 데 도움이 되기를 바란다.

어떻게 생각하고 행동하는가는 자신이 결정한다. 그리고 이런 생각이나 판단이 어떤 결과가 되는지를 생각하고 나서 결과에 대해 책임을 지는 행동을 한다. 누구나 스스로 판단하고 행동한다. 동시에 상대의 생각과 판단을 받아들일 수도 있다. 이것은 내가 스스로 결정할 문제다. 실제로는 자신의 생각보다 상대를 우선하는 경우가 많다. 인내나 타협을 강요당했다고 해도 따르지 않아도 된다. 자신의 의견과 행동을 주장할 수 있다는 의미다.

자신의 행동을 이유나 핑계를 들어서 설명하지 않고 바로 실행해도 된다. 자신이 올바르다고 느낀다면 설명하지 않아도 된다. 상대가 이해하도록 설명하고 설득해야 한다고 생각하기 쉽지만 일일이 다른 사람한테 설명해서 상대의 승낙을 얻을 필요는 없다.

- 나는 상대가 곤란할 때 도와줄지 말지를 스스로 판단한다. 곤란한 사람을 봤을 때 도와줄 수 있는 형편이 되면 도와주면 된다. 그리고 이것도 자신이 결정한다. 적절하게 도움을 줄 수 있다는 것은 좋은 일이다. 그러나 자신이 상대를 도와주지 못하는 상황도 있다. 도와주지 못한다고 해서 죄책감을 가져서는 안 된다.
- 나는 생각을 바꿀 수도 있다. 반드시 해내겠다고 생각한 것도 중

도에 방향 전환을 할 때가 있다. 또한 생각이 바뀌어서 행동을 바꿔야 할 때도 있다. 처음부터 끝까지 같은 생각을 갖지 않아도 괜찮다. 시간이 흐름에 따라 주위 환경도 변화가 있듯이 세상은 끊임없이 변화하고 있다. 사람의 생각과 마음도 마찬가지다. 생각이 변하는 것을 비난하지 않아야 한다. 결국, 자신이 책임지기 때문이다.

- 나는 완벽한 인간이 아니다. 잘못하거나 실수할 수도 있고 그 책임은 진다. 완벽한 사람은 없다. 잘못하지 않는 사람은 없다. 잘못은 하지 않는 것이 좋지만, 혹시 잘못했을 때는 바로 잡고 책임을 지면 된다.

- 나는 모르는 것이 있으면 모른다고 말할 권리가 있다. 모르는 것이 있을 때 모른다고 말하고 설명해 달라고 할 수 있다. 모르는 것은 부끄러운 것이 아니다. 질문을 할 때 '기초적인 것인지 몰라도…, 나는 문외한이라서…' 하고 일일이 말하지 않고 질문해도 된다. 모르는 것을 모른다고 말하지 않고 있으면 설명을 못한다, 얘기를 할 줄 모른다고 말해 상대를 탓하기 쉽다.

- 나는 인간관계를 할 때, 그 사람이 보여준 호의와 관계없이 관계를 할까 어떨까 여부를 결정할 수 있다. 상대가 자신에 대해 친절한 것과 관계를 하는 것은 나눠서 생각하는 것이 좋다. 다른 사람과의 관계는 중요하다. 그렇다고 상대가 친절하게 해줘서 영원히 관계를 가져야 하는 것은 아니다.

- 나는 결단을 내릴 때 거기에 논리적인 이유가 없어도 괜찮다. 결단은 논리적일 필요가 없고, 직감이나 순간적인 떠오름도 자신한테 중요한 메시지의 하나다. 다른 사람한테 피해를 주지 않는 한, 자신이 결단하거나 판단할 때 다른 사람의 승낙은 필요하지 않다.

- 나는 다른 사람과 의견이 다를 때, "그렇게 생각하지 않아요"라고 말해도 된다. 자신의 의견이 대부분 달라 동의하지 않을 때, "나는 그렇게 생각하지 않아요"라고 말해도 된다. 이 선택이 있다는 것을 알고 있는 것이 중요하다. 선택할까 말까는 스스로 임기응변으로 판단한다. 소수의견은 말하기 어려운 것이 사실이다. 그러나 의견이 다르다고 말하지 않으면 같은 의견이라고 해도 어쩔 수 없다. 말하지 않는 것은 없는 것과 마찬가지로 다루고 있다.

- "나는 신경 쓰지 않아"라고 말해도 된다. 모두가 신경 쓰고 있어도 자신이 신경 쓰지 않으면 나는 신경 쓰지 않는다고 말할 수 있다. 무엇을 신경 쓰고 신경 쓰지 않고는 사람에 따라서 다르다. 다른 사람과 마찬가지로 신경 써야 한다고 생각하지 않아도 된다.

- 나는 죄의식이나 양심의 가책을 느끼지 않고 거절하거나 반대할 수 있다. 죄의식을 갖지 않고 요구를 거절하거나 의견에 반대해도 된다. 죄의식을 느끼는 것은 상대에게 지나치게 감정이입하고 있는 것이다. 판매는 거절해도 친구의 부탁은 거절하지 못하는 사람이 있다. 자신이 받아들이고 싶지 않으면 거절해도 된다.

– 앤 딕슨(Ann Dickson)의 《A woman in your own right》에서 자기주장의 11가지 권리

자기주장은 권리라는 것을 주장한 사람은 미국의 심리학자 로버트 앨버티(Robert Alberti)와 마이클 에몬스(Michael Emmons)다. 앞에 소개한 자기주장의 11가지 권리는 영국의 앤 딕슨의 저서에서 소개했다. 자기주장은 권리이며 기분좋은 것이다. 또한 상황에 따라 자기주장을 하지 않아도 된다. 어려운 상황을 피하는 것도 당신의 선택에 달려 있다.

이런 태도는 자신의 삶에 만족감을 줄 뿐만 아니라 인간관계에서도 그 질을 향상시킬 수 있다. 이런 생각을 함으로써 스스로를 존중하고 불필요한 걱정과 우울한 기분을 극복할 수 있게 한다. 인생의 목표를 더 크게 생각하면서 자신에게 주어진 권리에 대한 이해를 높이고 보다 효과적으로 대화할 수 있는 능력을 키우기 위한 목적이다. 그 결과 자기주장을 통해서 긍정적인 결과를 얻을 수 있다.

자신의 존재를
과소평가하고 있다

　당신의 욕구나 의견을 중요하게 생각하지 않고 다른 사람들
의 생각과 평가를 보다 중요하다고 생각하면 거절하고 싶을 때는
'No'라고 말하지 못한다. 자신이 중요한 사람이라는 것을 보여주
기 위해 그들의 부탁을 모두 들어주면 자신의 마음을 죽이는 것이
되고 스스로를 하찮은 사람으로 여기게 된다. 결국 당신의 존재를
과소평가하는 것이 된다.

　당신은 자신의 욕구나 감정을 억누르고 자신은 아무것도 할 수
없다고 생각한다면 자신감을 잃어버리고 무기력과 자기비하의 악
순환에 빠지게 된다. 자신의 존재를 있는 그대로 보지 않고 자신
은 어쩔 수 없는 사람, 바보같은 사람이라고 생각해 주변 사람들

한테 인정받고 사랑받을 수 있도록 항상 노력해야 한다고 생각하는 사람인지 모른다.

사람들이 당신을 칭찬해도 그것을 순수하게 받아들이지 않고, 자신은 남들의 칭찬이나 사랑을 받아들일 자격이 없다고 생각해 남들의 칭찬을 받아들이지 못한다.

자신의 단점이나 부족한 부분만 크게 생각하거나 자신의 가치를 떨어뜨리는 부정적인 생각을 하지 않도록 한다. 그러면 주위 상황이나 다른 사람에 따라 기분이 좌우되고 항상 불평이나 불만을 말해 스스로 불쾌해진다. 이런 사람은 자신의 가치를 과소평가하는 생각이 습관화되어 있다. 자신을 과소평가하지 않기 위해서 먼저 자신의 모습을 제대로 파악해서 자신감을 가져야 한다.

가령 누구나 자신의 몸에서 가장 자랑하고 싶은 부분은 한 두 곳은 있다. 손가락이 예쁘다거나, 머리카락이 윤기가 난다거나, 혈색이 좋다거나, 키가 크다거나, 귀가 잘 생겼다, 또는 감기에 걸리지 않는 건강한 체질이라는 것도 있다. 이렇게 자신의 몸에 대해 자신감을 갖는다.

다음은 성격이 좋다거나 잘하는 것도 있다. 노래를 잘 한다거나 춤을 잘 춘다거나 사람들과 잘 사귄다거나 하는 이런 점도 있다. 또는 지금까지 살면서 열심히 했다고 생각하는 것, 가령 아이들

낳고 키우면서 건강하게 살고 있는 것, 열심히 일하고 있는 것, 자식들 결혼시킨 것, 본인이 열심히 운동하고 있는 것 혹은 취미 생활도 있다.

어떤 결과가 있고 없고 보다 자신이 꾸준히 노력하면서 살아온 자체, 또는 좋아하는 것을 높이 평가하면서 자신감을 가진다.

지금까지는 다른 사람하고 비교해서 더 뛰어나지 않으면 가치가 없다고 생각하거나 자신감을 갖지 못했다. 하지만 있는 그대로의 자신을 인정하고 가치를 부여해 자신의 존재에 자신감을 갖도록 한다.


자신감을 향상하는 방법으로는 매일 아침에 볼 수 있는 화장실 거울이나 화장대 거울에 자신의 좋은 점을 붙여 놓고 매일 보면서 의식적으로 자신감을 높이는 것도 좋은 방법이다. 가령 나는 소중한 사람이다, 나는 적극적으로 행동한다, "내가 좋다"라고 써 붙여 놓고 매일 보면서 자신의 가치를 높인다.

뿐만 아니라 평상시 생활에서 당신의 욕구를 중시한다. 먼저 당신이 좋아하는 음식을 먹고, 좋아하는 옷을 입고, 좋아하는 음악을 듣고, 좋아하는 취미 생활을 하도록 한다. 주변 사람이 부르면 건강하고 명료하게 대답하고 당신이 먼저 적극적으로 인사한다.

이렇게 함으로써 당신도 변화해 가고 당신에 대한 주위 사람의 이미지도 변해 간다. 더구나 자신감을 갖고 행동하면 불쾌한 체험도 줄어든다. 다른 사람한테 의존하지 않고 자신의 욕구를 만족시키면서 스스로 판단해서 행동하는 것이 중요하다.

- 자신의 몸을 좋아한다.
- '∼해야 한다'라고 의무감에서 생각하지 않고 소신껏 행동한다.
- 기분 나쁜 사람을 생각한다거나 마음에 안 드는 행동을 하지 않고 기분 좋은 일, 재미있는 일, 설레고 흥분되는 일을 찾아 그 일에 몰두한다.
- 남의 일로 불필요하게 걱정하지 않는다.
- 자신과 상관없는 남의 문제에 함부로 개입하지 않는다.
- 자신의 가치를 낮추는 부정적인 생각을 하지 않는다.

다음과 같은 경우처럼 항상 모든 문제의 원인이 자신에게 있다고 생각하지 않는다.

- 어려울 때 상대의 도움과 친절을 고맙게 받아들이고 뭐든지 혼자 해결해야 한다고 생각하지 않는다.
- 항상 자신이 잘못되었다고 생각하지 않는다.
- 다른 사람한테 미움받고 있다고 생각하지 않는다.
- 자신을 포장하지 않고 있는 그대로 받아들인다.

● 자신에게 "나는 사람들로부터 사랑받고 있다"고 말한다.


자신을 부정적으로 보는 생각에 'No'라고 거절하고 자신의 존재를 가치 있게 생각함으로써 당신은 더욱 행복해질 수 있다.

제2장

# 후회하지 않게
# 'No'라고
# 말하는 기술

### 'No'라고 하는 말의 힘

상대와 자신에게 성실하고자 할 때 하는 솔직한 말

당신과 나는 다르다. 이것을 인정할 때 하는 말

무엇을 할 수 있고, 할 수 없는가를 알게 하는 이해의 말

상대와 오랜 기간 보다 좋은 인간관계를 갖기 위한 말

당신을 스트레스나 심신의 병에서 구해주는 마법의 말

아닌 것은 아니라고 말할 수 있는 용기의 말

부당한 요구를 거절하는 용기 있는 말

무엇에 대한
'No'인가를
명확히 한다

　당신이 상대에게 'No'를 말할 때는 무엇이 'No'인지 핵심을 분명하게 한다. 'No'를 말하면 상대는 당신이 부담이 될까봐 거절의 이유를 자세하게 물어보지 않고 넘어간다. 상대가 물어보지 않아도 왜 거절하는지, 무엇을 할 수 없는지를 명확하게 말한다.

　예를 들어 시간이 문제인지, 일의 양이 문제인지, 마감 시간이 문제인지 아니면 이번 주까지라는 날짜가 문제인지 이것을 당신 스스로 분명히 말한다. 그러면 상대의 기분을 나쁘게 하지 않으면서 당당하게 'No'라고 말하는 요령이 되기도 하고 'No'를 말하고 나서 죄책감을 느끼지 않는 방법이기도 하다. 가령 친구가 영화 보러 가자고 했을 때 거절하려는 이유가 영화 보러 가자고 하는 시간이 문제인지, 영화 내용을 좋아하지 않는 것인지, 아니면 영화에 나오는 배우들이 문제인지 명확히 말하는 것이다. 그렇게 하면 군이 영화를 보지 않고 연극을 본다거나 콘서트에 간다거나 아니면 전시회에 간다거나 하는 대책을 세울 수 있게 된다.

회사의 친한 선배가 퇴근 시간 후에 급한 보고서 수정을 도와달라고 부탁했다. 그런데 공교롭게도 그날은 퇴근 후 중요한 약속이 있어서 '칼퇴근'을 생각하고 있었다. 이런 상황에서 "안 돼요. 오늘은 정시에 퇴근해야 해요"라고 말하면 상대에 대해 공격적인 말이 된다.

그렇다고 해서 "그러죠, 뭐…"라고 자신의 약속을 취소하고 선배의 업무를 도와준다면 수동적인 태도가 된다. 이럴 때는 자신은 여기까지 할 수 있지만 더 이상은 안 된다고 'No'를 명확하게 말한다. 가령 "오늘 저녁에는 약속이 있어서 안 되고 내일 아침시간에 일찍 나와서는 가능하다"라고 말한다.

당신 친구가 한 달 후에 가까운 동네로 이사한다고 전화가 왔다. 친구는 이사하는 날 당신한테 도와줄 수 있느냐고 물었다. 물론 포장이사를 하기 때문에 업체 사람들이 와서 일을 하지만, 그래도 사람이 좀 더 있어서 포장하는 일이나 짐을 안전하게 옮기는지 봐 줬으면 좋겠다고 했다. 친구가 이사하기로 한 날 다른 약속이 없다면 도와주겠다고 말하고 전화를 끊었다. 그리고 확인해 보니 이사하기로 한 날은 딸의 발표회가 있었다. 딸의 발표회에 빠질 수가 없어서 친구한테 전화를 했다. 이사한 날은 딸이 발표회가 있으니 도와 줄 수 없고, 그 대신 이사한 다음 날 집안 정리를 할 때는 도와줄 수 있다고 했다. 이렇게 구체적인 사정 얘기를 하면 친구의 요구를 들어줄 수 있는 방법을 찾을 수 있게 되고 딸의 발표회에도 갈 수 있도록 했다. 더구나 친구가 모처럼 한 부탁을 들어주지 않았을 때 미안함을 느껴 찜찜한 기분이 될 수 있었지만 해결책을 찾을 수 있어서 홀가분해졌다.

이렇게 'No'의 핵심이 무엇인가를 명확하게 하는 것은 중요하다. 시간이 걸리더라도 당신 마음속에 물어보고, 급하게 결정하지 않아도 된다. 그 상황에서는 상대의 말을 일단 받아들이고 난 다음에 'No'의 이유를 생각해도 된다. 그러면 상대에 대해 성실하게 대응한 것이 된다. 뿐만 아니라 상대를 실망시키는 일도 줄어든다.

대안을 제시할 때는 긍정적이고 현실적인 내용이 되도록 해야 하지만 상황에 따라서는 'No'라고 말하는 것이 보다 좋은 해결책이 되는 경우도 있다.

'No'라고 말하는 데 너무 많은 말을 하지 않아야 한다. 간단하게 말하는 것이 효과적이고 게다가 불필요한 일도 일어나지 않는다. 하지만 많은 사람들이 상대에게 실례되지 않게 거절한다는 이유로 불필요한 말을 해 문제가 된다.

상사에게 잔업을 거절할 때나 옆집에서 여행가기 위해 애완견을 돌봐달라는 요청을 받고 거절할 때도 당신이 거절하는 것을 정당화하려고 그럴듯한 이유를 덧붙여 말한다. 여기서 거짓말이 섞이는 경우가 많다. 하지만 일부러 말을 만들 필요가 없고, 말을 덧붙이면 오히려 이상하게 될 뿐이다.

그래서 거절하는 이유를 장황하게 말하기보다 '미안하지만 할 수 없다'거나 '그날은 바빠서…'라고 간단하고 명확하게 말하는 것이 좋다. 혹시 상대가 'No'라고 말하는 이유를 가르쳐달라고 귀찮을 정도로 물어보는 사람도 있다. 하지만 냉정히 생각해서 당신의 개인적인 사정에 대해서 꼬치꼬치 캐묻는 목적은 당신이 말한 거절을 받아들이고 싶지 않기 때문이다.

예를 들어 "그날 다른 용무가 있는데 그 일은 1년 전부터 예정에 있어서 드디어 약속을 지키게 됐어. 그날 외는 다른 날은 안 된다고 해서"라고 장황하게 설명한다고 하자.

이것을 들은 상대는 어떻게 생각할까? 더욱 불쾌한 기분이 될지 모른다.

당신의 사정과 상대는 전혀 관계없는 것이다. 여러 가지로 설명해도 변명한다고밖에 생각하지 않고 상황에 따라 상대는 화를 내고 당신의 진실성을 의심할 수도 있다.

거기다 당신의 말에 대해 상대가 또 다른 대책을 세우기 위해 장황하게 설명하면 상대의 시간을 빼앗는 것이 된다.

당신이 거절하는 말을 장황하게 하게 되면 당신의 허술한 점을 비집고 들어올 수도 있다. 그러므로 거절할 때는 가급적 장황하게 말하지 않도록 한다.

거절 이유를 간단하게 말할 때도 이것저것 말을 바꾸지 말고 같은 내용을 다른 표현으로 반복해서 하는 것이 좋다. 강조하는 것을 달리해서 말을 바꾼다거나 추상적인 말로 해도 괜찮다.

'그날 바쁘다'는 말은 예정이 있다, 약속이 있다, 어쩔 수 없는 선약이 있다, 이렇게 몇 주간 예정이 가득 차 있다며 같은 내용을 다르게 표현한다.

이렇게 'No'라고 말해도 물러서지 않고 계속 부탁하는 무례한 사람이나 혹은 공격적인 사람도 있다. 오랜만에 동창회에 참석해서 친구들을 만났다고 하자. 다음날 아침부터 중요한 회의가 있어 1차로 끝맺음하고 집에 들어가려고 생각하고 있다. 그런데 한 사람이 "2차도 가야지" 하고 말했다고 하자. 이럴 때 "난 안 돼, 내일 일이 있고 또 중요한 일이라서 아침 일찍 출근해야 하니까"라고 말하면 "누군 일이 없는 줄 알아? 나도 내일 일해야 돼"하고 당신이 거절하지 못하게 하는 논리로 말한다.

그래도 거절할 때는 "미안해. 이제는 들어가야 해"라고 분명히 말하고 들어가는 것이 좋다. 그러면 거절하는 이유, 혹은 'No'라는 이유를 상대에게 자세하게 설명하지 않는 것이 좋은가 하면 그렇지는 않다. 특히 친한 관계에서는 자세하게 말하지 않거나 뭔가 비밀이 있는 것처럼 하면 오히려 자연스럽지 못하다.

거절의 이유를 말할 때는 되도록 최소한으로 하지만 상대가 납득할 때까지 반복해서 설명이 필요한 경우도 있다.

간결하고
직접적으로
거절한다

거절의 말을 할 때는 직접적으로 'No'라고 말하는 것이 좋다. 하지만 상대에 대한 마음이나 불편한 마음에서 일부러 'No'라는 말을 사용하지 않고 보다 완곡한 표현으로 말하려는 사람도 있다. 이렇게 완곡한 표현으로 돌려서 말하면 당신의 생각이 정확하게 전달되지 않을 가능성이 있다.

"지금은 좀 곤란한데요."
"나는 잘 모르겠어."
"사실 나는 이렇게 하는 편이 더….”
"꼭 그렇게 해야 하는 거야?"

이런 표현은 직접적으로 'No'라고 말하는 것을 피하고 간접적으로 표현하겠다는 의도가 숨어 있다. "안 됩니다. 죄송합니다"라고 직접적으로 간결하게 말한다.

**상대** 저 대신 이것을 거래처 김 대리한테 전달해 주실래요?
**당신** 거기라면 김준식 씨가 가면 어떨까요? 어차피 그 지역 담당이니까요. (X)
저는 안 됩니다. 저는 다른 약속이 있어서 그 지역으로 가지 않습니다. (O)

**상대** 주말에 결혼식에 가야 하는데 우리 집 강아지 좀 봐 주세요.
**당신** 곤란 한데요…. 우리도 외출할 계획이 있어서요. (X)
"미안하지만 안 돼요. 주말에 외출할 계획이 있거든요. (O)

이렇게 직접적으로 말하지 않으면 상대는 어떻게 해서든 당신이 요청을 들어주게 하기 위해 당신의 말에 반론하거나 거절하지 않을 이유를 찾아내서 말한다. 더구나 상대는 당신이 들어주기를 간절하게 바랄수록 당신의 말을 거절의 말이라고 인정하지 않고 오히려 설득하면 들어줄 것이라고 기대한다.

모임이나 파티에 초대를 받았을 때도 간결하게 "안 돼요"라고 거절해도 된다. 이렇게 간단하게 말하면 상대가 상처받을 거라고 생각하거나 혹은 상대의 말에 항상 동의하지 않으면 좋은 인간 관계를 유지할 수 없다는 선입관을 갖지 않는다. 이런 어리석은 생각 때문에 그럴듯한 이유를 고안해 내거나 적당히 둘러대는 거짓된 행동을 한다.

당신은 한마디로 거절하면 쌀쌀맞은 사람으로 보여 그렇게 보이지 않으려고 적당히 둘러댔는데 그것이 거짓말이라는 것을 상대가 알게 되면 당신은 거짓말을 하는 사람이거나 정직하지 않은 사람이 될 수 있다. 이런 경우 상대와 인간관계에 금이 갈 수 있다.

상대한테 'No'라고 거절의 말을 할 때는 말투에 주의할 필요가 있다. 공격적인 말투가 되지 않도록 한다. 거절의 말을 하고 나서 "저한테 부탁해줘서 감사합니다"라는 말을 덧붙이는 방법도 있다. 이 말을 덧붙이면 거절당한 사람도 순간적인 속상함이나 민망한 감정을 느끼지 않게 된다. 당신이 정중하게 "저한테 부탁해줘서 감사합니다"란 말을 했기 때문에 상대도 존중받았다는 느낌을 가지게 된다.

상처주지
않기 위해
시간을 번다

　남들의 부탁에 어떻게 대답하면 좋을지 몰라 결정을 못할 때는
지금 당장 결정하지 못했다고 말하고 자신만의 시간을 갖고 생각
해 본다. 또한 물건을 사러 갔을 때, 판매에 열심인 판매원은 당신
이 즉시 결제하기를 바랄 것이다. 그럴 때도 당신은 "잠깐 생각해
보고 결정할게요"라고 대답해도 된다. 상대의 요구대로 즉시 대답
할 필요는 없다.

　당신은 가족을 돌보거나 직장에서 잔업을 하느라 퇴근 후에도
정말 하고 싶었던 운동을 못했거나 취미 생활을 못했을 수 있다.
다른 사람들이 당신의 도움을 필요로 할 때 그들을 돕는 데 많은
시간과 에너지를 투자했다. 문제는 당신이 다른 사람들의 바람과
욕구를 충족시켜 주기 위해 자신의 바람과 욕구를 포기할 때 나타

나기 시작한다.

다른 사람의 이익을 위해 시간과 노력을 쏟아 붓고 있고 당신을 위한 시간이 부족하게 될 때 인간관계의 갈등이 생겨 사이가 틀어지거나 문제가 생겨난다. 그래서 당신이 원하는 일을 우선적으로 해야 한다. 당신이 원하는 일을 하고 있을 때 다른 사람이 당신한테 부탁하면 거절하기도 훨씬 쉽기 때문이다.

당신이 상대의 부탁을 들어줄 것인지 어떤지 생각해 볼 수 있는 몇 가지 질문을 참고로 하기 바란다.

### ① 즉답을 피하고 시간을 번다

"그날 일정이 없는지 아내(남편 혹은 파트너)한테 확인하고 나서 연락할게"라고 말한다.

### ② 그 부탁을 꼭 들어줄 것인가?

하고 싶지 않은 일을 억지로 해서는 안 된다. 부탁을 받았을 때 그 부탁이 내키지 않거나 그 부탁을 들어주는 것이 고생할 것 같다는 예감이 들면 반드시 거절한다.

### ③ 이 일을 할 시간이 있는가?

부탁에 대한 가부를 대답하기 전에 당신한테 시간이 있는지를 확인한다. 가장 중요한 것은 한 호흡 쉬면서 머릿속을 정리할 시간을 갖는 것이다.

이런 때는 "생각해 보겠습니다"라고 대답한다.

### ④ 거절하면 돌이킬 수 없는 결과가 생길까?

이런 질문은 대부분 그렇지 않다는 대답의 가능성이 많다. 그리고 대답을 하기 전에 구체적인 판단 재료를 모아서 따져 보도록 한다.

### ⑤ 나한테 중요한 일인가?

상대의 부탁을 따져 보고 나서 자신한테 중요한 일인지 우선순위를 정하면 훨씬 쉽게 판단할 수 있다. 상대가 당신한테 부탁했을 때, 그 일이 당신한테 중요한 일이 아니라고 판단하면 그 부탁을 거절한다. 당신이 하고 싶고 당신한테 필요한 일을 하기에도 시간이 부족하다. 자신한테 중요도가 높은 일을 해야 과도한 스트레스를 느끼지 않고 일을 끝마칠 수 있다.

### ⑥ 왜 내가 이런 부탁을 받아야 하나?

이것은 당신이 어떤 부탁을 받았을 때 물어보면 좋은 질문이다. 평소에 많은 부탁을 들어주는 사람이기 때문에 사람들이 당신을 골라서 부탁했을 것이다. 아니면 당신이 정말로 부탁받은 일의 최고 적임자이기 때문에 그런 부탁을 했을 가능성도 있다. 모든 부탁을 들어주는 사람이라면 악순환의 고리를 끊기 위해서라도 거절한다.

하지만 다른 이유 때문에 부탁을 받았다면 부탁의 성격과 들어주었을 때의 득실을 따져 보고 나서 나중에 후회하지 않을 결정을 한다.

### ⑦ 내가 이런 기회를 다시 잡을 수 있을까?

다른 사람의 부탁을 들어주고 싶지만 할 능력이나 시간이 없는 일을 부탁받을 때가 있다. 이런 경우에는 지금 부탁받은 일을 나중에 해도 되는지 확인해 보고 나서 결정한다.

그 일이 당신이 해보고 싶었던 일이었지만 새로운 일을 맡을 수 없는 상황일 수 있다. 그 부탁을 거절하더라도 나중에 시간이 있을 때 그 일을 해 보고 싶다는 바람을 전하는 것이 좋다.

자신의 인생철학을
확실하게 주장한다

상대에게 'No'라고 말할 때 "내 인생철학이다"는 말을 덧붙이는 것도 한 가지 방법이다. 예를 들어 친구가 돈을 빌려달라고 했지만 당신은 빌려줄 마음이 없다. 당신이 돈을 빌려주지 않으면 친구는 기분 나쁠 것이다. 특히 당신이 경제적으로 여유가 있다는 것을 상대가 알고 있는 상황이라면 더욱 그렇다.

친구는 두 사람의 우정이 당신이 빌려줄 수 있는 돈보다 더 가치가 있다는 것을 이해하기 어렵겠지만, 당신은 돈을 빌려주고 우정에 금이 가는 상황을 피하고자 한다. 돈을 빌려준다면 친구가 갚지 않거나 시간을 끌면서 갚을 가능성도 있는데 그럴 경우 두 사람 사이에 깊은 감정의 골이 생기게 된다.

어떤 경우가 됐든 돈 거래를 한 두 사람은 서로 상대방 때문에 기분이 상해서 관계에 금이 갈 가능성이 높다. 더구나 당신이 돈을 빌려주고 받지 못하게 된다면 당신은 돈을 빌려간 친구를 원망하고 미워하는 마음이 든다.

이런 경우에 자신의 인생철학을 내세운다. "미안하다. 친구한테 돈을 빌려주지 않는 것이 내 인생철학이야"라고 말한다. 이렇게 말하면 상대는 자신이 부탁했으니까 거절당했다는 피해의식을 갖지 않아도 되고, 두 사람의 관계가 더 이상 나빠지지 않고 대화를 끝낼 수 있다.

어떤 상황이건 'No'라고 말해야 할 때 자신의 인생철학을 내세우면 무게가 있고 진지한 분위기로 전달된다.

또한 "내가 전에 이런 경험을 했는데 앞으로 난 이런 상황에서 절대 대답하지 않을 거라고 맹세 했어"라고 말하는 방법도 있다.

"과거에 약속을 안 지킨 경험이 있어서 다시는 이런 약속을 하지 않기로 맹세했다"라고 말한다.

내키지 않는 초대를 거절하고 나서 "죄송합니다. 갈 수 없습니다. 매주 금요일 저녁은 가족끼리 모이는 것이 우리 집안에 정해진 규칙이라서" 하는 식으로 말한다. 그러면 간단하게 바꿀 수 없는 것이라고 거절하는 것을 이해해 줄 것이다.

또한 친한 동료가 좋아하는 연예인의 콘서트에 가기 위해 유급 휴무를 내고 나서 당신한테 아프다고 말해 달라고 요청하는 경우도 있다. 혹은 중대한 잘못을 해놓고 상사한테 질책당하지 않도록 그 사실을 은폐해달라고 부탁하는 경우도 있다. 누구나 이런 상황을 접하고 싶지는 않지만 현실에서는 의외로 자주 일어난다. 이런 경우에도 "내 인생철학은 그런 거짓말에 협력하지 않는 것이다"라고 말하면서 거절한다. 이럴 때 올바른 대답은 친구나 동료의 잘못된 행동을 거절할 수 있어야 한다.

당신이 동료를 도와줘야 한다고 생각하면 엄청난 피해를 볼 수 있다. 친구와 우정을 지키기 위해 친구를 도우려 한다면 당신의 정직함과 직업윤리에 대한 평가는 형편없이 낮아질 것이고 경력에 영향을 미치거나 승진할 기회도 없어질지 모른다.

내키지 않는 의리나 우정을 거절할 때도 자신의 인생철학을 확실하게 강조한다. 그리고 자신한테 중요한 우선사항이 무엇인가를 확실하게 이해한다. 그리고 당신이 하고 싶은 것, 예를 들어 가족과 함께 보내는 시간이라든가 중요한 계획이나 목적을 위해 쓰는 돈 등에 집중할 수 있다면 당신의 목표를 달성하기 위해 거절하는 것은 올바른 것이라고 강하게 느낄 것이다.

솔직하게
거절한다

　당신이 누군가의 부탁을 거절할 때, 어떻게 하면 거절을 잘할
수 있을까하고 망설이고 주저하는 것은 좋은 방법이 아니다. 상대
를 기다리게 하고 나서 거절하면 오히려 상대는 큰 충격을 받을
수 있다. 거절할 때 솔직하게 자신의 마음을 말하는 것도 훌륭한
거절의 기술이다.

　상사가 당신한테 급하게 부탁을 했다. "일주일 후에 거래처에
프레젠테이션을 하기로 해서 자료를 준비해야 해. 어떻게 해서든
3일 이내로 데이터를 준비해 놓도록 해."

　당신은 지금 많은 업무를 떠맡고 있는 상황이므로 가능하면 상
사의 부탁을 거절하고 싶다고 생각하고 있다. 그러나 어떻게 거절
해야 할지 잘 떠오지 않는다. 이럴 때 자신의 머릿속에 있는 내용

을 그대로 솔직하게 말한다.

"팀장님, 갑자기 급히 말씀하셔서… 제가 어떻게 하면 좋을지 모르겠어요. 지금 있는 그대로 말씀 드리는 것이 좋을 거 같은데요. 제 업무 일정을 조정할 필요가 있어서요" 하고 지금 자신이 안고 있는 업무를 말한다.

그러면 상사도 "그럼 상황이 안 좋은데?"하면서 다른 사람한테 업무를 맡길지 모른다.

이번에는 다른 사례를 보기로 한다.

친구를 기다리고 있는데 친구가 어두운 얼굴로 나타났다. 깜짝 놀라서 물어보니 지갑을 도난당했다고 한다. 금방 울 것 같은 표정으로 말했다. 너무 충격적이라 이런 상황에서 어떻게 말해야 할지 몰라 아무 말도 하지 않고 있으면 친구는 점점 더 우울해진다. 무슨 말을 해야 좋을지 모를 때 이런 상황에서 솔직한 심정을 말로 한다.

"어떡하니? 이럴 때 뭐라고 해야 할지 모르지만 정말 큰일 났다. 내가 할 수 있는 게 뭐가 있을까? 같이 경찰서에 갈까?" 하고 말한다.


이번에는 보다 깊이 있게 감정을 털어놓는다는 관점에서 얘기해 보자. 우리는 감정은 나쁘고, 약한 것, 부정적이라고 생각한다. 감정을 부정적으로 보는 관점은 모든 것을 A인가 B인가, 흑인가

백인가, 올바른가 그른가, 좋은가 나쁜가라고 양자택일로 판단하는 식이다. 그래서 감정도 긍정적인 감정과 부정적인 감정으로 판단하고 있고, 많은 사람들이 감정을 솔직히 말하는 것에 대해 익숙하지 않다. 특히 직장에서는 감정을 솔직하게 말하는 것을 높이 평가하지 않고 있다.

그래서 어떤 일을 거절할 때 솔직하게 이유를 말하면 상대가 납득한다는 것을 머릿속으로는 알고 있지만 실제는 적당한 이유로 둘러대고 있는 사람들이 많다. 감정을 표현하는 것을 부정적으로 생각하는 것에 익숙해져 있기 때문에 솔직하게 말하지 못하고 있다. 이것은 오랜 기간의 습관이기도 하지만, 불안감 때문이기도 하다.

"지금 느끼고 있는 감정을 솔직하게 말하면 상대가 나를 낮게 평가할 것이다."

"솔직하게 말하면 상대한테 약점을 보이게 된다."

"자신의 감정을 드러내면 점잖지 못하다는 평가를 받는다."

이러한 불안감은 감정적이 되는 것은 곧 약하다고 생각한다거나 감정적이 되는 것을 부정적으로 보는 관점에서 나온 생각이다.

우리는 불안감을 느끼고 있다는 것을 인정하면서 상대에게 하고 싶은 말을 솔직하게 말하는 것이 중요하다. 더구나 자신이 불안감을 느끼는 것을 약함의 증거로 보거나 부끄럽게 생각하고 있어서 이런 감정을 인정하지 않으려고 한다. 이것은 감정을 솔직하게 표현하는 것과 감정에 휘둘리는 것을 구별하지 못하기 때문이다. 감정을 솔직하게 표현하는 것은 화를 내는 것도 아니고, 울음을 터트리는 것도 아니고 짜증을 내는 것도 아니다. 감정을 솔직하게 표현하는 것은 자신이 불안감을 느끼고 있다는 것을 인정하면서 상대에게 자신의 요구를 말하는 것이다.

직장에 다니고 있는 김재희(31)의 고민은 급한 사정이 있는 동료들이 밤 근무를 교대해 달라고 부탁하는 것이다. 재희는 아이가 없어서 동료의 부탁을 자주 들어주고 있었다. 더구나 급한 사정으로 부탁하는 사람한테 거절해서는 안 된다고 생각하고 있었다. 오늘도 동료가 책상 앞으로 다가 와서 얘기한다.

**동료** 저기…. 재희 씨! 오늘은 내가 아이들을 데리러 가야 하니까 5시에는 나가지 않으면 안 되거든. 부탁인데 오늘 밤 근무를 바꿔 줄 수 있어?

**재희** 오늘도?

**동료** 남편이 늦게 들어온다고 해서 그래. 부탁이야.

**재희** …… (갑작스런 부탁에 아무 생각이 안 나고, 또 시작이네라고 생각하고 있다. 어떤 이유를 말하면 좋을지 몰라 당황하고 있다).

재희는 'No'라고 말해야 하는 불안감 때문에 뭐라고 해야 할지 적당한 말이 생각나지 않았다. 거절하는 것에 대해 일종의 죄책감을 느끼고 있기 때문이다. 상대의 부탁을 거절해서는 안 된다고 생각하고 있기 때문에 무슨 말을 해야 좋을지 몰라 당황하고 있다. 이런 상황에서는 자신이 느끼고 있는 감정을 있는 그대로 말로 표현하는 것이 좋다.

**동료** 아무리 생각해도 부탁하지 않을 수 없었어. 오늘은 밤 근무를 교대해 줬으면 해. 아이를 데리러 가야 해서 그래. 괜찮지? 교대해 줄 거지?

**재희** 혜경아(상대의 이름을 부른다). 진짜 미안하지만, 오늘은 안 돼.

**동료** 안 돼? 왜?

**재희** 네 사정은 알겠는데 부탁을 들어주지 못해서 미안해. 하지만 오늘을 바꿔 줄 수 없어. 오늘은 다른 사람한테 부탁하는 게 좋겠는데.

**동료** 오늘밤 다른 일이 있는 거야?

**재희** 특별하게 다른 일정이 있는 것은 아니지만, 오늘은 빨리 집에 가고 싶어서 그래(솔직하게 말한다).

**동료** 그럼 지연이한테 부탁해 볼게.

상대의 부탁을 거절할 때 솔직하게 말하는 것은 진짜 큰 용기가 필요하다. 자신의 감정을 표현하면서 솔직하게 말하는 것은 지금까지 해오던 습관을 바꾸는 것이기 때문이다.

상대에게 솔직하게 말하기 위해서는 자신의 생각(의식, 고정관념)을 바꿀 필요가 있다. 자신의 감정은 자신이 느끼고 있는 것이고 누군가가 느끼게 하는 것이 아니기 때문이다. 상대를 탓하지 않고 의연하게 자신의 감정을 말할 수 있게 된다면 상대는 당신의 말을 정확하게 이해할 수 있고, 그 결과 보다 효과적인 의견을 주고받을 수 있게 된다.

'고장 난
레코드'처럼
반복해서 말한다

상대가 부탁을 했을 때 당신은 한마디로 거절할 수도 있고, 얼버무리거나 반론을 제기할 수도 있고, 공격적이 되거나 변명을 늘어놓을 수도 있다. 또한 상대가 당신의 의견을 받아들일 때까지 반복해서 말하는 것을 '고장 난 레코드(Broken Record)기법'이라고 한다.

고장 난 레코드기법은 자기주장 치료에서 제브 원더러(Zev Wanderer) 박사가 처음으로 사용한 말이다. 상대가 당신한테 뭔가를 부탁해서 거절한다면 반복해서 말하는 기법이다. 거절의 대화를 할 때도 대화를 진행할수록 상대가 물고 늘어지는 정도가 강해진다. 하지만 당신은 끈질기게 자신의 의견을 고수한다. 이때어조와 성량을 일정하게 낮추면서 말하는 것이 보다 효과적이다.

사례를 보기로 하자.

    영업소장인 추성주 씨는 총무팀의 한 과장한테 영업소장 회의
에서 사용할 회의 자료 초안을 화요일(오늘은 월요일)까지 입력해
야 한다고 미리 말했다. 먼저 초안을 입력한 다음 전국 영업소에
메일이나 팩스로 보내서 수정이나 승인을 받을 수 있도록 날짜를
지켜야 한다는 점을 강조해서 설명했다. 추 소장은 월요일에 한
과장한테 초안을 가지고 가서 설명했다.

**추 소장**    한 과장님, 이건 지난주에 말씀 드렸던 영업소장 회의용
        자료입니다. 이 자료를 내일 점심시간까지 프레젠테이
        션 자료로 만들어줘야 합니다.

**한 과장**    네. 어떻게 해볼게요. 그런데 방금 전에 급한 일거리가
        들어와서 담당자가 지금 그 업무를 하고 있어요. 그래서
        이 자료를 화요일 점심시간까지 마무리하기 어려울 것
        같은데요.

**추 소장**    최종 보고서를 금요일 회의에서 배포해야 합니다. 그러
        자면 각 영업소에 최종 승인을 받기 전에 영업소장들한
        테 검토용으로 보낼 이 초안을 내일 오후 1시까지 입력
        을 끝내야 합니다.

**한 과장**    그럼 손으로 작성한 이 초안을 영업소장들한테 먼저 팩

스로 보내면 되지 않을까요? 우리 팀도 지금 아주 바쁘거든요. 이 초안을 정해진 시간까지 해 드리겠다고 약속하기 어려워요.

**추 소장** 총무팀에 업무량이 많다는 점은 잘 알고 있어요. 그렇지만 전에 말씀드린 대로 내일 오후 1시까지 이 보고서 초안을 작성해줘야 합니다.

**한 과장** 그럼 다른 부서 담당자한테 맡기는 것은 어떨까요? 아니면 아르바이트 사원을 구하든지요?

**추 소장** 한 과장님이 알아봐 주시면 저야 좋죠. 이 초안대로 정확하게 작성한 문서를 내일 점심시간까지 받을 수만 있다면 그 방법도 좋죠.

**한 과장** 그럼 저한테 맡겨주세요. 제가 어떻게 해 보죠.

**추 소장** 이 초안을 입력해서 내일 점심시간까지 저한테 가져다주실 수 있죠?

**한 과장** 알았어요.

**추 소장** 감사합니다.


두 사람의 대화에서 추 소장은 한 과장한테 업무를 요청하는 이유와 주장을 분명하게 말하고 있다. 한 과장이 "손으로 작성한 이 초안을 영업소장들한테 먼저 팩스로 보내면 되지 않아요?" 하고 말해도 추 소장은 자신의 목표와 무관한 말을 무시하고 대꾸하지 않았다. 그리고 자신이 하고 싶은 말을 반복해서 말한다. "내일 오후 1시까지 이 보고서 초안을 작성해줘야 합니다"며 자신이 하고 싶은 말을 여러 번 반복해서 말함으로써 결국은 한 과장의 동의를 얻어내고 있다.

사실 자신이 부탁한 업무를 예정된 대로 처리하기 어렵다고 하면 화를 내거나 긴장감이 고조될 가능성이 있다. 그리고 흥분해서 비난조로 "내 일보다 더 급하게 처리해야 할 정도로 중요한 일거리가 누구 일이야?"라고 공격적으로 따지고 들기 십상이다.

하지만 추 소장은 자신의 상황을 명료하고 간결하게 주장하면서 상대가 자신의 말을 확실하게 이해하도록 한다.

일반적으로 고장 난 레코드 기법은 거절하는 상황에서 가장 많이 활용하는 기법이다. 이 기법을 활용할 경우 사례에서 보여준 대로 자신이 원하는 것과 원하지 않는 것을 확실하게 말한다. 자신의 상황을 명료하고 간결하게 말하고 'No'라고 반복하면서 완고한 자세를 유지하는 것이 비결이다.

당신이 상대의 말을 들었고 이해했다는 점을 반복해서 말하면서 당신의 입장을 고수한다. 상대는 자신이 원하는 대로 당신이 따라야 하는 이유를 말하고 당신의 태도가 비논리적이라고 지적한다. 당신이 거절한 것에 죄책감을 느끼게 하거나 포기하고 자신의 뜻에 동의하게 하려고 항의하거나 화난 얼굴을 하면서 감정에 호소하거나 협박을 하는 경우도 있다. 당신은 이 건에 대해 서로

간에 수용할 수 있는 타협점을 찾든지, 아니면 거절하더라도 당신의 입장을 고수할 것인지를 결정한다. 이번에는 한 과장이 고장난 레코드 기법을 사용해서 거절하는 대화를 보기로 한다.

**추 소장**     한 과장님, 이건 지난주에 말한 영업소장 회의용 자료입니다. 이 자료를 내일 점심시간까지 프레젠테이션 자료로 만들어줘야 합니다.

**한 과장**     지난번에 제가 이 작업을 할 수 있다고 말한 다음에 상황이 많이 변했어요. 미안한데요. 추 소장님, 그렇지 않아도 막 전화하려던 참이었어요. 지금 지사장님이 지시한 급한 일을 처리해야 하는 상황이에요. 이 업무는 내일 점심시간까지 할 수가 없겠는데요.

**추 소장**     뭐라고요? 아니 지사장님은 지위를 남용해서 업무를 강요해도 되는 거예요? 제가 이 자료에 대해서 미리 말씀드렸고 한 과장님도 정해진 시간까지 입력해 준다고 확실하게 말했잖아요. (언성을 높인다)

**한 과장**     화난 이유는 알겠어요. 하지만 나는 우리 팀의 작업량을 결정해야 하고 지사장님이 지시한 작업이 우선이기 때문에 어쩔 수가 없어요. 이 초안을 내일 정오까지 마무리하지 못할 거 같아요. (반복해서 거절한다)

**추 소장**     그럼 저더러 어떻게 하라는 겁니까? 내일까지 입력을 마무리해야 하는 이유는 한 과장님도 잘 알잖아요. 이 자료를 팩스로 영업소에 보내서 확인해야 한다고요. 그렇게까지 말했는데 어떻게 이런 식으로 나옵니까?

**한 과장** 그럼 파견회사에 전화해서 그 일을 할 아르바이트를 구해드릴 수 있어요. 그쪽에 전화해서 마감일까지 마무리할 수 있는지 알아볼게요.

**추 소장** 파견회사에서 온 아르바이트들이 작업하는 질이 어떤지 잘 알잖아요. 차라리 제가 직접 자료를 만드는 게 낫겠어요. 아니다. 한 과장님이 이 일을 해주겠다고 약속했으니까 그러면 약속을 지켜야죠. 이건 정말 말도 안돼요.

**한 과장** 추 소장님 정말 미안한데, 안 돼요. 그 자료를 내일 점심 시간까지 입력할 수 없거든요.

직장에서 이런 상황은 얼마든지 발생한다. 상사가 지시한 업무나 혹은 더욱 급박하게 처리해야 할 업무를 우선적으로 해야 할 상황은 언제든지 발생한다.

한 과장은 업무를 처리할 수 없다고 자신의 입장을 고수하고 상황에 맞게 적절하게 사과하면서 추 소장이 감정이 상했다는 것을 인정한다. 그러나 추 소장의 요청을 들어줄 수는 없다고 계속 거절한다. 한 과장은 현실적인 해결책(아르바이트를 고용해서 작업을 하는 것)을 제시하지만 추 소장이 이를 받아들이지 않고 다시 거절한다.

당신이 'No'라고 말할 때는 상대의 요청을 거절한 것이지 상대방 자체를 거절하는 것이 아니다. 그러므로 상대를 존중하는 마음으로 대화를 하지만, 동시에 당신의 권리도 잃어버리지 않도록 한다. 그러면 'No'라고 거절하는 것에 대해 양심의 가책이나 죄책감을 느끼지 않게 된다. 당신의 요청이 거절당했을 때도 마찬가지다. 상대는 당신의 요청에 대해 거절한 것이고 인간으로서 당신을 거절하는 것이 아니다.

때로는 이유를
말하면서 거절한다

　무례하고 집요하게 부탁하는 사람들 때문에 곤란한 입장이 돼
서는 안 되지만 그렇다고 해서 지나치게 고집스런 태도로 거절하
지 않도록 한다. 물론 심플한 말로 거절하는 것도 중요하지만, 거
절하는 이유를 명확하게 밝혀 상대를 납득시키는 것도 중요하다.
이것은 변명을 늘어놓는 것과는 다르다.

　직장에서 직원들과 좋은 관계를 유지하고 싶어서 갈등을 피하
는 상사가 있다. 직원들과 좋은 관계를 맺고 있을 때 직원들의 사
기도 올라가고 생산성도 올라가는 것은 사실이다. 그렇다고 좋은
관계를 유지하기 위해 직원들의 요구를 모두 들어줄 수는 없다.
직원들이 "이 일을 하게 해 주십시오"라고 해도 거절해야 할 때가

있다.

예를 들어 어떤 업무를 위해 프로젝트를 만들었을 때 미리 참가를 원했음에도 불구하고 팀원 선발에서 빠진 사람도 있다. 이런 경우 상사는 "이 프로젝트에 참가할 수 없다"는 이유를 명확하게 말해줘야 당사자는 능력이 없어서 뽑히지 못했다고 생각하며 의욕을 떨어뜨리거나 괴로워하지 않는다. 자신의 요구가 거절당한 경우는 마치 부정당한 것같은 기분이 들지만 이런 기분이 들지 않도록 사정을 충분히 설명한다. 그러면 업무의욕을 잃거나 자신감을 잃지 않을 수 있다.

"당신은 항상 열심히 일하고 있고 좋은 성과를 내고 있다는 것도 잘 알고 있다. 경영진에서도 자네에 대한 칭찬이 자자할 정도다. 하지만 이번 프로젝트에 자네가 뽑히지 않은 것은 회사로서 다른 사람한테도 공정한 기회를 제공해야 한다는 의견 때문이다. 자네는 충분히 실력이 있는 사람이니까 다음 프로젝트에 다시 지원하기 바라네" 하고 상대를 칭찬하면서 자신감을 잃지 않도록 말해 준다.

또한 직원이 휴가를 가겠다고 했을 때, 그 직원의 요구를 거절해야 하는 경우도 있다. 그 사람이 휴가를 갈 경우 생산성에 차질이 있거나 프로젝트에 차질이 생기지 않도록 한다. 이런 상황에서 상사가 어떻게 거절의 말을 말하느냐가 중요하다. 다음은 직원에게 거절할 때 활용하는 말이다.

- 사정을 잘 알겠다. 하지만 당신이 휴가를 갈 경우에 그 누구도 당신만큼 이 업무에 대해 아는 사람이 없기 때문에 업무가 중단된다. 알다시피 우리는 기한 내에 주문 받은 물건을 납품해야 한다. 이번 납품이 끝나고 나서 휴가를 가면 좋겠다.
- 당신이 휴가를 가고 싶어 하는 마음은 이해한다. 하지만 당신이 없으면 이 프로젝트를 기한 내에 마칠 수 없기 때문에 그렇게 오랫동안 휴가를 보내 줄 수 없다는 것을 이해해 주기 바란다.
- 경영진 회의가 있는 날이라서 화요일에 휴가를 보내주기가 곤란하다. 경영진 회의에서 프로젝트 현황을 보고 해야 한다. 다시 휴가 일정을 잡는 것이 좋겠다.

상대에게 이유를 말하면서 거절할 때 변명을 하는 것과는 다르다. 그 이유에 대한 설명을 요령 있고 명확하게 말하는 것이 중요하다. 이렇게 이유를 말함으로써 상대의 이해를 구하는 것이다. 혹시 상대가 이해하지 않더라도 당신은 스스로 결정할 수 있는 권리가 있다는 사실을 기억한다.

관계자를 끌어 들여
거절한다

　부탁받은 일을 거절하기 위해 상사나 배우자 혹은 주변 사람들을 끌어들여 거절한다. 부탁받은 일이나 요구 사항의 최종적인 결정은 상사나 배우자가 결정한다고 말한다.

　"그 건은 상사한테 승낙을 받아야 하는 것이고 제가 결정할 수 없습니다."
　"그 일은 제 남편하고 의논해야 하고 저 혼자 결정할 사항이 아닙니다."
　"그 일은 관련 부서에서 할 수 있는지 어떤지 확인해봐야 합니다."
　"안 됩니다. ○○과 의논해 봐야 확실하게 말씀드릴 수 있습니다."

"사정이 딱하다는 것은 알지만 하지만 ○○과 의논 없이는 어떤 말도 할 수 없습니다."

당신이 이런 태도를 유지한다면 상대는 지금 당장 당신이 결정하기 힘들다는 것을 알게 될 것이다.

당신은 관계자를 끌어들여 조건부 'Yes'로 결정을 연기하는 것도 또 하나의 방법이다. 혼자서 생각해 볼 시간이 필요하다고 말하고 그 일을 차분히 생각해 본다.


햄버거 회사의 지점의 점장으로 근무하는 이경수(36)는 담당임원하고 본사에서 면담을 하기로 했다. 임원은 이경수한테 다음과 같은 제안을 했다.


**임 원** 이미 알고 있겠지만 회사가 경영혁신을 위해 지점을 폐쇄하기로 했네. 자네가 근무하는 지점이 폐쇄되어 유감이지만 벌써 결정됐으니 어쩌겠나.

**이경수** 네….

**임 원** 경영 혁신은 구조조정이 따라가게 돼 있지. 자네는 실적도 좋고 아주 우수한 점장으로 우수한 인재지. 그래서 회사에서 자네한테 다른 일을 맡기려고 한다네.


이경수는 자신이 점장으로 근무하고 있는 지점이 폐쇄된다는 것은 이미 알고 있었다. 그래서 경쟁사로 옮길 것인가 아니면 현재의 회사에 남아서 다른 업무를 할 것인지 고민하고 있었다. 지금 임원이 하는 말은 다른 부서로 옮긴다는 말이지만 앞으로 해고도 가능하다는 의미다.

**이경수** 다른 일을 맡긴다는 게 무슨 의미입니까?

**임 원** 나는 자네가 이 회사에서 계속 근무할 수 있도록 하고 싶네. 하지만 구조조정을 해야 하는 것은 자네도 알고 있지. 인원을 조정해야 하는 것은 어쩔 수 없는 상황 아닌가. 그래서 자네한테 제안을 하고 싶네. 본사 관리파트로 들어와서 근무하는 게 어떻겠나?

**이경수** 다른 지점으로 가는 것이 아니라 관리 파트로 간다고요?

**임 원** 그렇다네. 회사는 앞으로도 지점을 폐쇄할 예정이네. 물론 점장 자리가 나면 일차적으로 가게 되겠지만 현재는 본사 관리파트에서 근무할 방법밖에 없네. 이 제안을 받아들이겠는가?

**이경수** 그럼 연봉은 어떻게 되는 겁니까?

**임 원** 연봉도 조정이 들어가야겠지. 지금까지 받았던 점장 수당은 더 이상 지급할 수 없고, 관리직 업무이기 때문에 조정을 해야 하네. 앞으로 새로운 급여체계가 만들어지겠지. 그러면 점장 할 때보다 줄어들게 되지.

이경수는 머릿속이 하얗게 돼서 아무 생각이 나지 않았다.

이 말이 회사의 해고통지란 것인가? 앞으로 어떻게 해야 한단 말인가? 노조 사람들하고 상의해야 할까? 앞으로 자신은 어떻게 해야 한단 말인가? 이렇게 순간적으로 생각하고 나서 다음과 같이 말했다.

**이경수** 너무 갑작스런 제안이라 일단 생각해 보고 결정하겠습니다. 우리 가족들의 생계가 걸린 문제라서 집사람하고도 애기를 해 봐야 하고… 그리고 나서 결정하겠습니다.

**임 원** 이 문제는 어제 오늘 문제가 아니라 벌써 몇 달 전부터 알고 있었던 일 아닌가?

**이경수** 네. 그렇습니다. 그냥 막연히 알고 있었던 것 하고 실제로 이렇게 닥쳤으니 신중하게 생각해서 결정하고자 합니다.

아무리 시급하게 결정해야 할 상황이라고 하더라도 이런 경우는 생각할 시간을 갖고 나서 결정하는 것이 현명하다. 다음은 개인적인 사례의 대화를 보기로 한다.

허재만(42)의 어머니는 올해 86세이다. 지금까지 건강하게 잘 지냈지만 2주 전에 계단에서 넘어진 다음부터는 건강한 모습으로 보이지 않아 자주 어머니 집에 갔다. 어머니는 몸에 상처를 입지 않았지만 혼자서 집안일 하는 것이 버거워 보였다. 그래서 재만은 어머니한테 이제는 함께 살자고 얘기했다. 어머니 혼자서 밥하다가 화상을 입지 않을까 걱정이 되고 가스불을 켜 놓은 채로 외출할지 몰라 걱정이 된다고 했다. 이런 생각을 아내 민채하고 얘기했다. 민채는 시어머니와 고부갈등이 있다거나 하는 관계는 아니다. 하지만 시어머니와 함께 생활했을 때 어떤 문제가 있을 것인가는 잘 알고 있었다.

**아내** 어머니를 요양원에서 계시게 하는 것이 좋아요. 어머니 연세에 요양원에 들어가는 것이 우리 가족 모두한테 좋다고요.

**남편** 우리랑 함께 살면 되지 무슨 요양원이야. 우리 어머니는 성격이 온화해서 당신을 힘들게 하는 사람이 아니야.

**아내** 지금만 생각할 게 아니지. 기력이 떨어지면 누군가는 옆에서 모든 시중을 들어야 하는데 그걸 누가 해요. 당신이 할 거야?

**남편** 지금은 어머니가 건강하잖아. 그건 그 때 가서 생각해 봐도 될 문제 아닌가?

**아내** 당신이 어머니 모신다고 집안일을 거들어줄 거 같아? 어머님 모셔야 할 일을 모두 나한테 떠넘기고 당신은 지금과 똑같이 생활할 거야. 난 이 문제를 신중하게 생각해서 결정할 거야. 당신 맘대로 함부로 결정하지 마.

그렇다. 아내의 말대로 이런 중요한 결정을 당장 그 자리에서 결정해서는 안 된다. 아무리 남편이 강요하더라도 즉시 결정하지 않아도 된다. 남편이 이런 일을 아내한테 강요한다면 부당하다. 아내는 "지금 결정하고 싶지 않아"라고 분명하게 말하는 것이 좋다.

**남편** 어머니가 당신한테 물어보라고 얘기했어. 어머니는 당신이 승낙하기를 기다리고 있는 거야.

**아내** 그러면 어머니한테 전화해서 내가 깊이 생각하고 있다고 전하세요.

**남편** 난 어머니한테 그렇게는 말을 못하지. 우리 집 살 때 어머니가 돈 보태준 거 생각해 봐.

**아내** 당신이 전적으로 어머님을 보살핀다면 내일이라도 당장 이 집으로 오시라고 해도 돼요. 하지만 결국 내가 떠안을 문제니까 난 그 문제를 생각해 보고 싶은 거예요.

**남편** 고집부리지 말라니까.

**아내** 내가 당신하고 싸우기 싫어서 어머니를 모시고 사는 것을 허락한다면 그것은 당신이 나한테 강요하는 것이나 마찬가지예요. 나는 강요당한 약속을 지키고 싶지 않아요.

**남편** 강요하는 게 아니야.

여기서는 아내의 말이 옳다. 때때로 우리는 상대에게 강요하고 있고 이것은 부당한 일이다. 당신이 생각할 시간을 갖기 위해 조건부로 한 'Yes'라는 말에는 다음과 같은 메시지가 들어 있다.

"나는 근본적으로 당신의 요구를 들어주는 데 반대하지 않는다. 단지 지금 결정하고 싶지 않다."

이것은 당신에게 어떤 것을 요구하는 사람이 스스로 해결책을 찾는 결과를 가져오기도 한다. 이 사례에서 남편은 아내한테 약속을 받아낼 수는 없지만, 스스로가 문제를 해결해야 한다. 그래서 다른 해결책을 찾을 수도 있다. 그러면 아내는 명확하게 거절하지 않고서도 그 일에서 벗어날 수 있다.

가능한 빨리
그 장면을 벗어난다

　상대한테 'No'라고 말하고 할 말이 끝났다면 가능한 빨리 그 장면에서 나간다. 지금까지 말하지 않았던 말을 하거나 평상시와 다른 말을 했을 때 사람은 불안을 느끼게 된다. 이것은 상당히 자연스런 반응이지만, 불안감을 느끼면 심리적으로 불편하기 때문에 다음에 무엇을 해야 좋을지 몰라 그 장면에서 우물쭈물한다. 당신이 하고 싶은 얘기가 끝났다면 빨리 그 장면을 떠나는 것이 좋다.

　이런 불안감에 대처하는 행동은 평상시에 연습하는 것이 좋다. 불안감을 깨닫고 이런 감정을 인정할 수 있다면 그 상황에 대처할 수 있기 때문이다. 자신의 감정을 부정하지 않고 불안감을 받아들이면서 효과적으로 대처하기 위한 방법을 평상시에 연습한다.

당신은 상사와 얘기할 시간을 갖는다. 상사의 책상 옆으로 가서 의자에 앉는다.

**상사** 아, 할 얘기가 있어?

**당신** 네, 그렇습니다. 이런 얘기를 하는 것이 어떨지 모르겠습니다만, 저는 중요하다고 생각해서 얘기하는데요. 고객이 왔을 때는 항상 저한테 차 심부름이나 커피 심부름을 자주 시켰는데, 그러면 제 업무를 중단해야 해서 상당히 곤란합니다.

**상사** 그래? 시간이 있어서 해 주는 줄 알고 있었는데….

**당신** 그렇게 보였는지 모르겠지만, 제가 아무래도 거절을 못해서요. 앞으로는 직접 하시든가 다른 사람한테 부탁하시겠어요?

**상사** 알겠어. 피해가 됐다니 미안하네. (조금 불만스러워 한다)

**당신** 피해가 됐다는 것이 아니라, 제가 가능할 때는 해 드립니다. 하지만 앞으로는 거절하는 경우도 있다는 것을 말씀드리는 겁니다. 제 상황을 미리 말씀드리는 것입니다.

**상사** 응. 알겠네.

**당신** 감사합니다. 그러면… (이라고 말하고 일어나서 빨리 자신의 자리로 간다)

실제 생활에서 불안, 두려움, 죄의식을 느끼지 않고 'No'를 말하기 위해서는 평상시 훈련하는 방법이 가장 좋다. 또한 'No'라고 할 때 전혀 불안을 느끼지 않을 수는 없다. 예를 들어 그 장면에서는 느끼지 않아도 몇 시간 후 혹은 다음날 느끼는 경우도 있다.

'No'를 말하고 나서 이런 감정을 느끼는 것은 당연하다. 상대한테 부탁을 받고 자기 사정을 말하고 나서 분명하게 거절하는 사람이라고 해도 'No'를 말하면 불안감을 느끼는 것은 자연스런 반응이다. 지금까지 'No'라고 말하지 않았던 사람이 지금까지와 다른 말을 해서 불안감을 느꼈다고 하면 이것은 'No'라고 말하는 것이 그만큼 어렵다는 것을 증명한다.

여기서 연습하는 방법을 소개하고자 한다.


### ① 무엇을 'No'라고 할 것인지 구체적으로 정한다

앞에서도 말했지만, 자신이 어떤 장면에서 무엇을 거절하고자 하는지 상대역을 해주는 사람한테 설명한다. 가령 상사의 사적인 부탁을 거절하고 싶은지, 아니면 물건을 빌려 쓰는 동료에 대해서 'No'라고 할 것인지를 결정한다. 상대에게 말할 때는 한꺼번에 여러 가지를 말해서는 안 된다. 한 번에 한 가지만을 말한다.


### ② 어떤 장면에서 'No'라고 할 것인지 결정한다

상사라면 회의실에서 얘기하는 장면을 설정한다거나, 가족이라면 저녁 식사를 끝내고 나서 소파에 앉아서 얘기하는 장면을 결정한다.

### ③ 연습을 하기 위해 상대역을 해달라고 부탁한다

상대역은 가급적 편안하고 친한 사람한테 부탁한다. 상대한테 상사의 정보를 설명한다. 권위적이고 말을 빨리하는 사람이라고 상사에 대한 특징을 설명하면서 그런 사람을 연기해 달라고 한다. 상대가 그런 상사의 특징을 비슷하게 연기해 주면 당신은 눈앞에 상사가 있다는 것을 느낄 수 있기 때문이다.

다음은 몇 번이든지 반복해서 당신이 하고 싶은 말을 연습한다. 이때 상대의 의견이나 감상을 들으면서 연습하면 훨씬 도움이 된다. 가령 '여기를 이렇게 말하는 것이 이해하기 좋아', '그 말을 들으니 기분이 나쁘던데'와 같이 상대 역할을 해주는 사람의 의견을 들으면서 연습하면 혼자 생각나지 않았던 것들을 알 수 있게 된다. 더구나 자신은 몰랐던 자신의 말버릇이나 습관 같은 것도 알 수 있게 된다.

상대가 없이 혼자 연습할 때는 의자를 두 개를 준비해서 상대와 자신이 실제로 대치하고 있는 장면을 재현해서 의자를 놓아둔다. 이렇게 상사용 의자와 자신용 의자를 놓고 상사가 말할 때는 상사용 의자에 앉아서 하고 자신이 말할 때는 자신용 의자를 교환하면서 대사를 반복해서 연습한다.

**④ 때로는 특정한 제3자한테 상황을 얘기하고 나서 피드백을 받는 방법도 있다**

피드백을 받고 나서 혼자 연습한다. 연습하는 목적은 거절의 말을 잘하기 위한 것 외에 거절하지 못한 자신의 감정을 깨닫는 목적도 있다. 예를 들어 불안하고 무서워하는 자신한테 화가 나서 강한 어조로 말하는 것을 깨닫는다. 이런 태도를 수정할 필요가 있다는 것을 알게 된다.

**⑤ 여유를 갖는다**

연습을 잘 했다고 해도 실제로 'No'라고 말할 때까지 시간이 필요한 경우도 있다. 조급해하지 않고 여유를 갖고 실행하는 것이 중요하다.

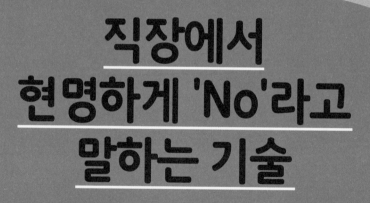

제3장

# 직장에서
# 현명하게 'No'라고
# 말하는 기술

회사나 상사가 너무 많은 요구를 한다면 당신은 자신을 위해 이것을 거절해야 할 의무가 있다. 이것은 당신 회사가 적이고 상사가 당신을 이용만 하는 잔혹한 사람이기 때문이 아니다. 당신이 행복한 기분으로 업무를 하기 위해 경계선을 긋고 능력의 한도를 넘었을 때는 'No'라고 확실하게 말할 수 있어야 한다.

현명하게 거절하면
업무능력이 향상된다

직장에서 'No'를 말해서는 안 된다고 생각하는 사람이 있을 것이다. 이기적이고 부정적인 사람으로 낙인찍힐 수 있기 때문이다. 하지만 직장에서 적절하게 'No'라고 말하는 것은 당신을 위기에서 구하고 보다 유리한 입장이 되게 한다.

상사나 동료의 험담을 주구장창 하는 사람, 책이나 점심값, 사무용품 등을 수시로 빌려가서 주지 않는 사람, 해야 할 업무가 없는데도 상사의 눈치 보느라 퇴근하지 않는 사람 등이 있다. 이런 사람들에게 'No'라고 하는 것은 훌륭한 해결책이 되기도 한다.

또한 고객과 협상한다고 했을 때, 100만 원에 팔고 싶다, 아니다 70만 원이면 산다, 너무 많이 깎아서 안 된다, 그러면 90만 원이라면 팔겠다하는 협상을 한다. 이렇게 협상하는 과정에서 상대의 요구를 모두 들어주기만 하면 손해를 보게 된다. 그래서 'No'를 적절하게 할 줄 아는 것이 업무 능력을 향상하는 방법이기도 하다.

부하의 육성 관리라는 면에서 'No'라고 하는 방법도 있다. 어느 대기업의 신입 영업사원이 상당히 큰 주문을 받을 수 있는 기회를 얻었다. 영업사원은 마지막 논의 단계에서 자신이 대답할 수 없는 질문이 나오면 어떻게 할까 하고 불안해서 영업부장에게 같이 가자고 도움을 요청했다. 그러나 영업부장은 거절했다.

"너는 자신이 불안감을 느끼고 있다는 것을 알고 있다. 하지만 나는 너를 믿고 있다. 너라면 어떤 상황에서도 극복해 낼 수 있는 힘이 있다"고 했다. 영업사원은 예상대로 더욱 큰 주문을 받아왔다. 그는 하루 만에 크게 성장했다. 고객과 협상에 자신감을 얻은 영업사원은 어떤 고객을 만나서도 끈질기게 물고 늘어져 성과를 낼 수 있게 됐다. 이것은 사람을 성장시키기 위한 현명한 거절이다. 'Yes'라고 말하는 것은 간단하지만, 'No'라고 말하는 것은 용기가 필요하다.


지금은 업무시간이 9시에 출근해서 오후 6시에 퇴근하는 근무 형태가 없어졌거나, 출퇴근 시간이 자유롭게 정해진 직장이 많다. 물론 출퇴근 시간과 관계없이 노동시간은 정해져 있지만, 현실은 과중한 업무로 혹사당하고 있다. 그래서 오후 6시에 퇴근하는 것은 꿈과 같아져서, "저녁이 있는 삶"이라는 말까지 등장하게 되었다.

또한 기술의 진보로 우리 생활은 편해졌지만, 편해진 만큼 업무에 집중하지 못하게 되었다. 컴퓨터, 이메일, 휴대전화, SNS(Social Network Service)가 보급되면서 스트레스도 높아지고 있다. 이러한 기술 진보에 따라 직장은 플랙스 타임이라는 새로운 근무 방법을 선택할 수 있게 되었다. 정시에 출퇴근하는 근무 형태가 아니라 다양한 방법으로 근무할 수 있게 되면서 회사 업무와 사생활을 구별하기 어렵게 되었다. 유급 휴가를 내서도 노트북 화면을 보고 있어야 하고, 항상 휴대 전화를 꺼내서 메시지를 체크해야 하는 시대가 되었다.

회사는 보다 많은 이익과 생산성을 추구하기 위해 사원들에게 법정 근무 시간 외의 업무를 강요하고 있는 직장이 많아졌다. 당신이 모르는 가운데 이런 것이 체계화되어 있어 깨닫지 못하고 있는 경우도 있다. 이렇게 직장에서 지나치게 많은 업무를 요구하고 있다면 단호하게 'No'라고 말할 수 있어야 한다.

이런 회사의 경영자는 경영목표를 적은 책자를 나눠주고 회의를 소집해 목표를 말하면서 사원 한 사람 한 사람이 팀의 중요한 일원이라고 강조한다. 그 결과 훌륭한 구성원을 자부하는 당신은 목표를 달성하려는 마음을 가진다. 당신은 영웅처럼 임무를 수행하고 많은 경쟁에서 이기게 된다.

물론 이것은 훌륭한 일이다. 당신은 활력 넘치고 설레는 마음으로 일하며 업무는 재미있다. 하지만 모티베이션 문구에 자신을 잊어서는 안 되고 자신을 위해 항의할 필요가 있을 때 'No'라고 말하는 것에 죄책감을 가져서는 안 된다.

회사나 상사가 너무 많은 요구를 한다면 당신은 자신을 위해 이것을 거절해야 할 의무가 있다. 이것은 당신 회사가 적이고 상사가 당신을 이용만 하는 잔혹한 사람이기 때문이 아니다.

당신이 행복한 기분으로 업무를 하기 위해 경계선을 긋고 능력의 한도를 넘었을 때는 'No'라고 확실하게 말할 수 있어야 한다.

자신을 혹사시키지
않고 능력의 한계를
인정한다

당신은 경계선을 긋지 못해 자신을 혹사시키고 있지 않은가?

마케팅 부서의 조 팀장은 "나는 회사에서 받는 월급의 10배로 일해야 한다는 각오로 일하고 있다"고 말했다. 부서는 엉망진창이고 조직도 혼란한 상태다. 당시 본인이 좋아서 매일 밤늦게까지 일을 했다. 심지어 밤 1시~2시까지 일을 하다 회사에서 가까운 호텔에서 잔 적도 몇 번인가 있었다. 하지만 이런 식으로 일해서는 안 된다는 것을 알게 되었다. 계속 이렇게 일을 하다 보니 굉장한 스트레스를 받아 정신 상태에 영향을 주었고, 사생활도 엉망이 되었다. 이렇게 일한 지 9개월 정도 지나고 나서 경계선을 긋기로 했다. 그리고 상사한테 "오늘은 일을 끝내고 저는 이제 퇴근하겠습니다"고 말했다.

이렇게 말해도 상사와 아무런 충돌이 일어나지 않았다. 상사는 잠도 자지 않고 새벽까지 일해야 한다고 생각하지 않았다. 하지만 조 팀장은 자신의 내부에서는 갈등을 하고 있었다. 어떤 업무라도 지시받으면 떠맡는 것이 습관이 되어서 "오늘은 이것밖에 할 수 없습니다"고 말하는 것이 정말 어려웠다. 자신을 괴롭히고 있는 사람은 다른 누구도 아닌 자신이라는 것을 깨달아야 한다.

관리가 잘 되지 않는 직장에서 중간관리자로서 관리하는 것은 어려운 일이다. 직원을 이용하고 착취하는 직장에서 업무적인 부담을 주는 것을 당연하게 생각하는 경우가 많다. 혹시 당신이 조 팀장의 입장이라면 회사에서 너무 많은 요구를 한다면 아무리 일을 많이 해도 따라 갈 수 없다. 당신이 완벽하게 일할 수 없다고 인정해서 포기하는 쪽이 자신을 컨트롤할 수 있는 방법이다. 문제는 보고서를 작성하지 못했다거나 혹은 어떤 업무에 답신을 못했을 때 자동적으로 느끼는 자신감 부족이나 죄책감을 컨트롤할 수 있어야 한다.

6시 되기 전에 퇴근하는 것에 대해 죄의식을 느낄 때는 항상 자신에게 이렇게 말한다.

"너무 일을 많이 하면 몸이 망가져 병이 날 거야. 사람은 죽기 전에 더욱 열심히 일했으면 좋았을 텐데! 라고 생각하는 인간은 없다"라고 자신한테 말하면서 마음을 편안하게 한다.

엄밀하게 말해서 당신에게 스트레스를 주는 것은 당신 자신이다.

우리가 어떤 상황에 처해 있을 때, 거기에는 진짜 자신이 원하는 것과 습관적으로 자신이 원하는 것과의 사이에 갈등이 있다는 것을 자각한다. 그 갈등은 다음과 같은 것들이다.

- 자신이 요구하는 것과 자신이 요구해야 할 것을 고민한다.
- 자신이 느끼고 있는 것과 느껴야 할 것을 고민한다.
- 자신이 믿고 있는 것과 믿어야 하는 것을 고민한다.
- 자신이 원하지 않는 것과 받아들여야 하는 것을 고민한다.

"~해야 한다"라는 바람이나 감정은 우리들의 다른 사람에 대한 의존이나 세상의 기준에 따른 기분을 반영하고 있다. 이것은 우리 생활에 관계하고 있는 사람의 발언이거나 이미지나 고정관념이 되기도 한다.

한계를 설정함으로써 상대를 기준으로 생각하는 것이 아니라 자신을 기준으로 한 결정을 할 수 있도록 한다.

- 내가 정말 원하는 것은?
- 진짜 내 마음은?

- 내가 보고 있는 것은?

- 내가 믿고 있는 것은?

- 나는 어디까지 상대의 말을 들어줄 수 있는가?


자신이 올바른 선택을 하기 위해 이러한 질문이 필요하다. 자립한 성인으로서 올바른 선택은 수동적이고 무력한 피해자의식에서 벗어나는 것이다. 매일 느끼는 신경질, 적대감, 괴로움, 분노 그리고 우울감과 같은 무력감에서 해방될 수 있고, 보다 충실한 인생을 살 수 있는 기회를 더욱 많이 얻을 수 있다.

한계를 설정해 'No'라고 말하는 방법을 알면 자신이 하고 싶다고 생각하는 것에 가까이 갈 수 있고 인생의 균형을 잡을 수 있게 된다.

적극적인
사람이라는
이미지를 만든다

　업무를 하다 보면 여러 가지 어려운 일들이 생겨난다. 그래서
업무에 대해 불평하거나 자신이 힘들다고 투덜거리는 재료가 되
기도 한다. 그러나 당신이 어떤 특별한 상황에서 'No'라고 거절하
고자 한다면 불평하는 사람이나 투덜거리는 사람으로 보이지 않
도록 해야 한다.

　자신이 'No'를 말했을 때 효과를 발휘하기 위해서는 평상시에
적극적인 사람으로 행동하는 것이 중요하다. 그래서 자신이 사람
들한테 어떤 이미지를 주고 있는가를 생각하면서 행동한다. 상대
가 당신이 말한 'No'를 받아들이든 받아들이지 않든지 당신 태도
에 달렸기 때문이다.

　평상시에 집중을 잘하는 사람이라거나 협력을 잘하는 사람이

'No'라고 해도 주위 사람들은 그다지 놀라지 않는다. 평상시에 열심히 일하는 사람이라는 것을 알고 있기 때문에 당신이 말하는 'No'에 상사도 동료도 이견을 달지 않는다.

그러므로 적극적으로 행동해 자신이 흠잡을 데 없는 사람이라는 것을 평상시에 보여주는 것이 좋다. 일반적으로 'No'라고 말할 때 최고의 방법은 알기 쉬운 말과 건설적인 대안을 함께 제안하면서 말한다. 다음은 보다 적극적인 사람이라는 이미지를 만들기 위한 방법을 소개한다.

### ① 'No'라고 한 다음에 대안을 제시한다

상대도 이유가 있어서 부탁했는데 'No'라고만 말하면 문제해결이 되지 않는다. 당신이 할 수 없다면 어떻게 하는 것이 좋은지, 나름대로 생각한 방법을 상대에게 말하고 제안하는 방법도 있다.

가령, 회의 시간을 'No'라고 할 때는 다른 시간이나 장소를 정해서 제안하거나, 고객에게 제안서를 제출을 할 때 보다 좋은 조건으로 제시하는 것과 같은 것이다. 이렇게 상황, 금액, 납기일, 시간과 같은 대안을 생각해서 상대에게 전달하는 것까지 해야 올바른 'No'를 말하는 것이다. 상대의 제안을 어떻게든 실현하려고 노력하는 모습을 보여줘야 상대가 불쾌하게 생각하지 않는다.

"이 건에 대해 수요일에 얘기할 수 있을까? 그때는 시간을 낼 수 있으니까."

"지금은 비상상태이니까 도와줄 수 있는 프리랜서를 구하면 어떨까?"

"프레젠테이션을 위해 하루를 전부 쓸 수 있을까? 그러면 이쪽의 문제만 매달리니까 뭔가 도움이 될 것을 정리할 수 있으니까."

또한 거절할 수밖에 없는 이유를 간단한 말로 설명하되, 사실을 중심으로 말하고 자신이 어느 정도 바쁜가 하는 속사정을 미주알 고주알 털어 놓지 않는다.


### ② 다양한 관점에서 제안한다

상사가 2주 내에 새로운 마케팅 프로그램을 만들어 추진하라고 지시했다. 그런데 당신은 2주 내에 출시를 목표로 신제품 홍보를 위한 브로슈어를 만들고 있다. 당신은 상사한테 마케팅 프로그램의 책임자가 될 수 있다면 좋겠지만 현재 상사가 이미 맡긴 다른 일을 2주 내에 끝내야 해서 이번 부탁의 추진 시기를 몇 주 미뤄주면 좋겠다고 말했다.

상사에게 두 가지 일을 동시에 추진할 수 없다고 보고하면서 새로 지시한 일을 하지 않겠다고 한 것이 아니라, 신제품 홍보를 위한 브로슈어 제작기간을 몇 주 연기해 달라고 말하는 것이 보다 현명한 방법이다.

대안을 제시할 때는 다양한 각도에서 생각할 필요가 있다. 한 가지 방법만 집중하면 서로의 요구가 팽팽하게 대립하게 된다. 이런 상황에서는 다양한 제안을 제시하기 어렵게 된다. 한 가지 사례를 소개하기로 한다.

벌목업자가 벌목꾼들을 모아 놓고 "평상시에는 하루 7시간 근무이지만 오늘은 12시간 일을 해 주세요"라고 말했다. 벌목꾼들은 극심하게 반대했다. "밤에 약속이 있다", "12시간 일하면 손의 피부가 벗겨진다", "피곤해서 다음날 일을 할 수 없다" 등 각자 반대의견을 냈다.

벌목업자는 "잔업시간은 할증임금으로 지불하겠다. 오늘은 12시간 일을 하지 않으면 주문을 받은 양을 채울 수 없다. 모두들 잔업해주기 바란다"라고 했다. 벌목꾼들은 "그렇게 해서는 수지가 안 맞아. 오늘 임금은 두 배로 쳐줘. 그럼 해볼게"라고 했다.

벌목업자는 "그건 안 돼. 그래도 1.5배다"라고 했다. 그날 처음 참가한 벌목꾼이 들고 있던 낫을 보면서 말했다. "모두 낫을 갈지 않아서 12시간이나 걸린다. 낫을 잘 들도록 갈고 나서 작업하면 7시간으로 끝낼 수 있다." 벌목꾼들은 낫을 갈고 작업을 시작했다. 그 날 7시간 작업으로 주문량을 채웠고 벌목꾼들은 7시간 작업을 끝내고 퇴근할 수 있었다. 벌목업자는 할증임금을 지불하지 않고 주문량을 달성할 수 있었다.

이런 일은 주변에서 자주 일어나는 일이다. 당사자는 자신이 알고 있는 것만 제안한다. 돈이나 시간 등 어느 한 면에만 집중해서 제안하고 있다. 그러나 관점을 달리하면 여러 가지 제안을 할 수 있다. 이 벌목꾼들처럼 "작업시간 끝나면 빨리 퇴근하고 싶다"라는 요구가 있고 벌목업자는 오늘 중으로 주문량을 모두 채우겠다는 바람이 있다. 벌목업자는 평상시의 작업시간으로 생각하면 12시간 정도가 걸릴 일이다. 그러면 벌목꾼들이 12시간을 작업해야 한다고 지금까지의 경험만을 토대로 얘기했다.

그 결과 벌목꾼들은 '작업시간에 관한 협상'이라고 생각하고 시간만 생각해서 거래를 했다. 양쪽 모두 '몇 시간 일할 것인가, 임금은 얼마로 할 것인가'라는 한쪽 면에만 집중했던 것이다. 낫이 잘 들도록 갈아서 일하면 시간을 단축할 수 있다는 생각을 하지 못했다.

이런 대안을 제시할 수 있다면 상당히 효과적이므로 보다 좋은 대안을 제시할 수 있도록 경험을 쌓는 것이 중요하다.


### ③ '우리'라는 말을 자주 사용한다

직장에서 상사나 동료와 대화할 때 '우리'라는 말을 자주 사용함으로써 공동체 의식을 강화시킨다. 가령, 동료에게 "우리가 함께 일한다면 그 문제를 해결할 수 있다"라고 말함으로써 당신은 적극적으로 협력하고 있는 중요한 일원이라는 의식을 심어준다. 그럼 당신이 'No'라고 거절의 말을 해도 당신을 배척하기보다 당신이 말한 'No'에 협조해주고자 한다.

상사는 부하가 거절해서는 안 되고 무조건적으로 복종하고 헌신해야 한다고 생각한다. 그들은 자신이 열심히 일해서 지금의 자리에 오른 만큼 직원들도 항상 열심히 일해야 한다고 생각하고 있다. 그래서 직원들이 열심히 일하지 않고 게으름을 피우고 있다는 말을 자주 하고 있다.

이런 말을 하는 상사는 정신이 이상해질 때까지 일하면 효과가 올라간다고 믿고 있는 사람인지 모른다. 또한 이런 상사는 부서가 실제로 어느 정도 업무능력이 있는지, 생산성은 어느 정도 올리고 있는가에 대해서 구체적인 얘기를 하지 않는다. 단지 생산성을 걱정하고 있는 정도이다. 그는 자신이 관리하고 있는 직원들이 장시간 일하고 바쁘게 움직이고 있다는 것을 외부 사람에게 보이면 자신도 훌륭한 상사라는 인상을 준다고 믿고 있다. 그래서 부하에게 업무를 효율적으로 시키고 있고, 최대한 활용하고 있다는 것을 경영진한테 보여주고 싶어 한다.

이런 가치관을 가진 상사 밑에서 일하면 정신적으로 이상하게 될 수 있지만, 직장에서는 상사의 주관 그 자체가 현실인 경우가 많다. 직원들은 어느 정도 일을 해서 결과를 내는가가 아니라, 일을 잘하는 척 보이게 하느냐에 따라 가치를 두게 된다.

그래서 무리하게 목표를 잡고 상사에게 보여주기식으로 업무를 하고 이런 것을 잘하는 사람이 높은 평가를 받는다. 상사는 업무로 스트레스를 받아 진이 빠져 있는 얼굴을 열심히 일하는 직원의 표시라고 생각한다.

그냥 평범한 얼굴을 하고 있다면 게으른 사람이라고 보고 있다. 직원들은 상사의 지시에 따르기만 할 뿐이다. 이상한 사람 취급을 받지 않으려고 의견도 말하지 않는다. 침묵함으로써 의견 차이로 생길 수 있는 집단 내 마찰도 피하고자 한다.

하지만 상사의 지시가 불합리하고 부당하다면 상사의 요구를 거절해야 한다. 이런 부당한 상사에게 거절하는 것은 당신을 위해 필요한 일이다. 이런 상사에게 거절할 때는 다음과 같이 대처한다.

### ① 먼저 생산성을 주장한다

● 나는 차분한 상태로 일할 때 좋은 업무를 할 수 있고 생산성
도 올라간다. 스트레스를 느끼거나 신경질적으로 되거나 하
면 오히려 업무에 시간이 걸린다고 한다.

● 매일 생활 속에서 느끼는 스트레스를 적극적으로 처리하고
업무를 하면서 평정심을 가질 수 있도록 한다. 흥분하지 않고
편안한 마음을 갖고 일하는 것이 중요하다고 강조한다. 편안
한 마음을 가진 덕분으로 일을 잘하고 세상일을 효율적으로
처리할 수 있다고 한다.

### ② 업무를 정확하게 하고 있다고 주장한다

당신 부서가 좋은 성과를 올리고 있다는 것을 강조해서 말하고
상사가 관리하기에 더할 나위 없는 좋은 부서라는 것을 말한다.

● 우리 부서는 회사에서 최고의 부서다. 경영자 측에서도 고객한테
도 높은 평가를 받아 왔다. 아주 순조롭게 목표를 달성하고 있는데
너무 지나치게 속도를 강조하고 있다고 말한다.

### ③ 열심히 하지 않은 증거를 요구한다

상사가 열심히 하지 않았다는 투로 말하면 지금까지 업무의 방
법이 좋지 않아 업무의 질에 영향을 주었는지 실제 사례를 들어
달라고 상사한테 말한다.

● 나와 당신은 업무의 방법이 똑같지 않다. 결국 누구나 각자의 방법이 있다. 그러나 나는 성실하게 열심히 업무를 하고 있다. 최근에 표준적인 수준에 미달된 업무가 있었는가? 뭔가 소홀하게 했는가? 혹시 그렇다면 시정하고자 하니 가르쳐 달라고 말한다.

### ④ 상황 개선을 제안한다

● 직원이 늦게까지 업무를 하고 있지 않는 듯이 보인다면 플렉스 타임을 도입하면 어떨까? 빠른 시간에 업무를 하는 것을 좋아하는 사람이 있는가 하면 늦은 시간에 일을 하는 것을 좋아하는 사람도 있다. 플랙스 타임을 도입하면 언제든지 누구나 여기에 있으므로 장시간 이어지는 업무에도 대응할 수 있다고 상사한테 제안한다.

상사가 직원에게
'No'라고 말할때

　직장에서 상사에게 거절의 말을 할 때만 두려운 것이 아니다. 오히려 상사도 직원에게 거절의 말을 할 때 두려워하고 있다. 관리자는 직원들을 관리하고 부하를 평가하고 질책하는 입장에 있다. 휴가나 승진, 임금인상 요구를 거절해야 하고 직원들에게 'No'라고 말할 때 힘들어 하고 괴로워하는 상사가 많다.

　상사와 직원들과 좋은 관계를 갖고 있을 때 직원들의 사기도 올라가고 생산성도 좋아지는 것은 사실이다. 그래서 편하게 '좋은 상사'만 연기하는 사람도 있다. 좋은 상사가 되려고 부하와 깊이 있게 대화를 하지 않는 사람도 있고, 직원들이 조잡하게 업무를 해도 질책을 하지 않고 참고, 야단치지 않는 상사가 있다. 하지만 상사는 직원들의 잘못에 눈을 감아서는 안 된다.

물론 질책을 하거나 'No'라고 말하는 것은 쉬운 일이 아니다. 더욱이 관리자가 되고 얼마 지나지 않은 사람이라면 더욱 쉬운 일이 아니다. 직원들을 관리한다는 것은 상사가 직원들을 책임지는 것이나 마찬가지다. 혹시 당신이 직원들을 관리하지 않고 내버려 둔다면 당신의 책임을 다하지 않은 것이 된다.

직원들이 보다 업무를 잘하도록 하기 위해 당신은 건설적인 평가를 하고 칭찬의 말을 했다고 하자. 이 경우 당신은 단순히 자신이 편하기 위해 이런 말을 한 것이 아니다. 장기적으로 보면 부하가 업무에서 숙련되고 귀중한 인재가 되고 더할 나위 없이 열심히 일하는 사원이 되도록 하기 위해 칭찬을 하는 것이다. 게다가 이런 말을 하면 직장을 보다 좋은 회사로 만들기 위해 공헌하고 있는 것과 같다.

하지만 가끔 직원들이 실수할 때는 이런 실수에 대해서 어떻게 해야 할지 모를 때가 있다. 직원들의 실수를 그대로 방치할 경우 회사에 손해를 끼칠 수도 있고 직원들의 성장이 멈출 수 있다. 따라서 당신은 직원들의 잘못을 발견하는 즉시 그 잘못을 고쳐주고 다시 실수를 반복하지 않도록 하기 위해 정확하게 일하는 것이 중요하다는 것을 강조한다. 당신이 직원들에게 분명히 말하지 않는다면 직원들을 위해 최선을 다하지 않는 것이다.

직원들을 야단쳐야 할 때도 있다. "당신은 일을 잘하는 사람인데 이번에는 실수를 좀 많이 했네요. 다음에는 이런 실수를 하지 않도록 해요"라고 분명히 말한다.

상사는 직원이 업무를 잘했거나 특별한 노력을 했을 경우 반드시 칭찬의 말을 하도록 한다. 칭찬할 때는 직접 얼굴을 보고 해도 좋고, 전화나 메모, 메일로 해도 좋지만, 가장 좋은 방법은 회의 시간과 같이 모두가 모여 있을 때 칭찬하는 것이 효과적이다.


당신이 관리자로서 어려운 상황은 직원이 임금 인상을 요구할 때다. 직원이 임금 인상 자격이 안 된다면 그의 요구를 거절하기 쉽다. 만일 직원이 업무적으로 잘못을 했다거나 업무 성과를 내지 못했다면 왜 임금을 올려 줄 수 없는지 분명하게 말할 수 있다.

그러나 예산이 부족해서 임금을 올려줄 수 없을 때가 관리자로서 곤란한 상황이다. 특히 임금 인상을 요구하는 직원이 기대 이상으로 일을 잘해온 직원일 경우는 더욱 그렇다. 이런 때는 "당신의 뛰어난 업무 성과를 잘 알고 있고 당신의 임금이 인상될 충분한 자격이 되지만 지금은 임금을 올려줄 여력이 안 된다", "당신은 임금을 올려 받을 자격이 되지만 예산이 없어 임금을 올려 줄 돈이 없다"고 명확하게 답변을 해줘야 한다. 다음은 상사가 직원에게 'No'라고 얘기할 때 중요한 두 가지 관점을 소개한다.


### ① 직원이 알 수 있게 전달한다

당신은 '자신이라면 이 업무를 더욱 빨리(혹은 더욱 잘) 할 수 있는데'라고 생각하지 않는가? 단기적인 관점에서 보면 상사가 하는 것이 간단하다고 생각하겠지만, 직원이 해야 할 업무를 상사가 하면 장기적인 관점에서 보면 생산성이 오르지 않고 시간 활용법도 효과적이지 않다. 상사는 상사대로 직원은 직원대로 각자 업무에 집중할 수 있으면 좋다는 것은 말할 필요도 없다.

혹시 당신은 낮은 수준의 업무를 하는 직원에게 뭔가 말하면 잔소리하는 사람이라고 생각할까봐 일부러 피하고 있지 않은가? 이런 상황을 피하기 위해 불필요한 일, 예를 들어 짐을 옮긴다거나 하는 일을 하지 않았는가? 혹시 그렇다면 자신을 잔소리하는 사람이 아니라 오히려 선생이나 지도자라고 생각한다. 당신은 직원이 결과적으로 능력 있고 소중한 인재가 되는 것을 도와주는 입장에 있다는 것을 잊지 않아야 한다. 그러기 위해서는 당신이 직원에게 기대하고 있는 것을 확실히 말로 전달할 필요가 있다.

부정적인 말을 하지 않으면서 무엇을 해야 할 것인가 하는 목표를 분명히 해서 말로 전달한다. "자네는 일이 거칠어. 정말 주의하지 않고 일하고 있어"라고 말하는 것과 "여기는 더욱 정확하게 체크하는 것이 좋다. 조금 더 집중해서 세부사항까지 주의를 기울여 달라"고 말하는 것은 큰 차이다.

직원이 일을 더욱 잘 하기 위해서 무엇을 해야 하는가를 확실하게 말하고 의욕을 북돋는 데 책임감을 갖도록 한다. 다음과 같은 대화를 참고한다.

- 자네의 프레젠테이션은 몇 가지 상당히 좋은 면이 있다. 다음에는 더 확실하게 조사해서 정리하면 된다. 그 건에 대해 같이 얘기를 나누자. 그런 다음에 다시 집중해서 자료를 만들어 보기 바란다.
- 이 판매계획서의 개요는 여기에 쓰여 있는 것보다 더욱 자세하게 할 필요가 있다. 이번에는 이런 사항을 넣어서…다시 고쳐 쓰시오.
- 우리 부서의 보고서 작성에 필요한 자네의 출퇴근 시간 보고서가 부족한 점이 있다. 일단 돌려줄 테니까 이런 점을 덧붙여서 다시 작성해 주기 바란다.
- 자네의 보고서는 오탈자가 4군데 있어. 어디에 오탈자가 있는지 일부러 표시해 두지 않았다. 잘못 된 곳을 찾는 것은 좋은 훈련이 되기 때문이다. 나한테 제출하기 전에 더욱 주의 깊게 교정하는 습관을 들였으면 한다.

## ② 책임감을 강조한다

- 내가 할 수 있지만 내가 하면 자네는 업무에 필요한 기능을 모르게 된다. 자네는 기대에 부응할 수 있는 사람이 되기를 바란다. 앞으로는 자네 업무에 책임을 가져 주기 바란다.
- 자네 보고서가 불충분할 때 보면 마지막까지 확인하지 않는 나쁜 습관이 있네. 그러나 자네가 더욱 노력해 주는 것이 우리 두 사람을 위한 방법이다. 앞으로는 무언가 덧붙일 필요가 있을 때는 먼저 자네한테 돌려줄 테니까. (그 업무가 어떻게 하면 더 잘 되는가를 명확

하게 말로 한다)

● 서류 정리함을 항상 정리해 두는 일을 자네가 잘하지 못하는 것을 알고 있다. 그러나 이것도 자네의 업무고, 중요한 일이다. 사람들이 필요할 때에 필요한 것을 빨리 꺼낼 수 있어야 한다. 그래서 서류 정리함을 정리해 두는 것을 우선 사항으로 하고 있다.

● 이 업무를 잘 하기 위해서는 새로운 거래처가 필요하다. 예상 고객에게 직접 전화해서 주문받는 일은 누구나 하기 어렵다는 것은 알고 있다. 하지만 우리는 판매조직이고 전화를 하는 것은 새로운 고객이 될 예상이 있는지 없는지 조사하는 가장 빠른 방법이다. 그 자리에 있는 사람이라면 누구나 1주일에 OO건의 전화를 해야 한다.

상사의 지시가 불합리하고 부당하다면 부탁이나 요구를 거절해야 한다. 권위적이고 고압적인 상사가 직원들을 함부로 부려먹지 않도록 하기 위해서다.

상사라는 지위를 빙자해서 사적인 심부름을 시키거나 부당한 지시를 하는 사람도 많다. 사적인 심부름에 어떻게 대처하는 것이 좋은가? 어떤 회사는 상사의 '사적인 심부름'이 직무설명서에 포함된 경우도 있다. 그래서 상사의 이런 지시를 들어야 할 책임이 있는가를 먼저 알아두도록 한다. 상사의 사적인 부탁을 들어줘야 한다면 이런 요구에 'No'라고 해서는 안 된다.

업무가 아니라고 해도 간단한 심부름을 한다거나, 상사나 동료한테 커피를 갖다 주는 것 같은 개인적인 일을 하고 있는지 모른다. 상대가 이런 것을 고마워하고 보답해 주는 경우는 얼마든지 즐겁게 해주는 것이 좋다. 하지만 지위를 빙자해 고압적으로 부당한 지시를 한다면 갑질에 해당하므로 'No'라고 거절해야 한다. 혹시 당신이 상사의 지시에 'No'를 못하는 사람이라는 이유로 상사가 사적인 심부름을 시킨다면 분명히 선을 긋도록 한다.

상사가 사적인 부탁을 할 때 전문 심부름센터를 고용하라고 할 수도 있고, 당신이 어디까지 들어줄 것인가를 명확하게 해 둔다.

- 미안하지만 저는 할 수 없어요. 하지만 전화 한 통화하면 옷을 가지러 오고 나중에 배달해 주는 세탁소가 있어요. (더욱 도움이 되고자 생각한다면 전화번호를 찾아서 전달해 준다)
- 이번 주말, 팀장님이 외출하는 동안 강아지를 봐 줄 수 없어요. 애완견 보호소를 알아 봐 드릴까요?
- 팀장님 자동차를 세차하러 갔다 오면 적어도 1시간은 업무를 하지 못해요. 그러면 오후 회의에서 사용할 보고서를 끝낼 수 없는데요. 제가 어느 쪽을 할까요?
- 혹시 이것을 내가 하면 선례를 만드는 것이 되기 때문에 할 수 없습니다.
- 이번은 팀장님 말씀대로 하겠습니다. 하지만 이것을 선례로 만들 생각은 없으니까 앞으로 이런 일이 일어날 경우는 어떻게 할 것인가를 얘기해주십시오.

● 그런 일을 저한테 말씀하는 것은 부적절하다고 생각합니다.


프로젝트를 수행하는 중에는 시간 낭비에 지나지 않는 일도 있고 때로는 유치한 아이디어가 나오는 경우도 있다. 하지만 그 아이디어를 누가 말했는가에 따라 반대 의견을 말하기 어려운 경우도 있다. 이런 상황에서는 현명하게 대응하는 것이 좋다. 그 아이디어가 조잡스럽다고  말하고 싶겠지만 이런 말을 하는 것은 자제한다.

이런 상황에서는 그렇구나 하고 납득할 수 있는 이유를 한 가지만 들어서 반대하는 주장을 펼치는 것이 좋다. 즉, 비판이 아니라, 현명하게 'No'를 말하는 방법이다. 프로젝트가 더욱 잘 되기 위해서는 어떻게 하면 좋은가를 자연스럽게 말하면서 상사의 아이디어 가운데 좋은 점을 찾아내서 칭찬한다면 더욱 좋다.


하지만 상사의 요구나 지시에 'No'라고 말해서는 안 되는 경우도 있다.

조승연(36)은 비즈니스 회의 기획을 대행하는 회사에서 근무하고 있다. 상사한테 내년도 예산서를 48시간 내에 정리해 오도록 지시받았을 때, 그녀는 확실하게 해 두고 싶은 중요한 문제가 있다고 느꼈다.

업무 지시를 받았을 때 정말 화가 났다. 이틀 내에 내년도 회의의 예산서를 생각해 내라고 하다니. 거기다 업무에 도움이 되는 정보도 주지 않으면서 계획을 세우라고 하다니 말도 안 된다. 이런 식으로 하는 것은 중요한 비즈니스 결정이 현실에 반영되지 못하고 있다는 것이라고 생각했다.

이런 생각을 상사에게 말하자 상사도 세부 사항에 대해서 검토할 시간이 없어서 어렵다고 말했다. 상사도 그 위에 있는 상사한테 지시받고 내년도 예산을 제출하지 않으면 안 되는 입장에 있다. 이런 지시는 조직의 지시명령 체계에서 나온 것이다. 이런 문제는 협상을 하거나 타협을 통해서 해결하기는 어려운 문제다. 승연의 의견이 상사한테 받아들여지지 않는 것은 그 임무를 내린 사람은 명령체계의 가장 위에 있는 사람이기 때문이다.

당신의 상사가 중간관리자이고 윗사람한테 잘 보이기 위해 당신한테 업무 지시를 한 경우에 이것은 상사한테 하나의 스트레스가 된다. 그리고 상사의 스트레스는 당신의 스트레스가 된다. 예를 들어 승연의 말이 아무리 맞는 말이라고 해도 이런 상황에서 너무 강하게 항의하는 것은 잘못 판단하고 있는 것이다.

이런 요구는 아무리 불만이 있더라도 해야 한다는 것을 알고 예산 작성에 최선을 다해야 한다. 아무리 항의해도 무의미하다. 주의해야 할 것은 당신이 부정적이고 업무에 협력하지 않는 인간이라고 찍히지 않도록 하는 것이다. 당신이 해야 하는 업무는 진행하고 나서 납득하기 어려운 것은 다른 방법으로 호소하거나 제안하도록 한다.

당신이 납득할 수 없는 프로젝트에 참가하지 않으면 안 되는 경우, 가장 좋은 방법은 자신이 말하고 싶은 것을 서면으로 작성해 관계자한테 배포하는 방법이다. 이때 변명하는 말투나 사내 문제를 고발하는 것과 같이 되지 않도록 주의한다. 부드럽지만 사심이 없이 사실만을 말하는 문서로 작성한다.

'No'라고 말하기보다 상대와 협상하는 방법도 있다

　서로가 이익이 되기 위해서는 상대의 요구를 모두 거절하는 것이 아니라 조건을 협상해야 하는 경우도 있다. 협상을 할 때는 사람과 문제를 분리해서 생각한다. 협상할 때 감정적으로 부딪치게 되면 "뭐야, 그 말투는?", "왜 모르는 거야?"라는 협상의 테마와 관계없는 말을 해서 감정적이 되기 때문에 협상이 깨지는 경우가 있다. 그러므로 협상을 할 때는 상대의 인격에 대해서 언급하지 않고 협상해야 할 문제로 금액, 시간, 상황과 같은 화제에 초점을 맞춰서 대화한다.

　상대와 협상하기 전에 어디까지 협상할 것인지 마지막 기준을 미리 정해 놓아야 한다. 가령 물건을 사는 가격과 파는 가격을 협상할 경우에 서로가 협상하기 위해서 기준을 정해 두는 것이나 마찬가지다. 어떤 협상을 하든지 당신이 무엇을 할 수 있고 상대한 테 무엇을 요구할 것인지 '여기까지'라는 마지막 기준은 사전에 충분히 검토해서 정해 놓아야 한다. 상대가 강하게 밀어붙이면 양보하게 되고 그러면 원했던 것보다 더 많이 양보하게 되고 결과적으로 실패한 협상을 하게 된다.

이윤정(42)은 은행에서 고객 서비스 업무의 책임을 맡고 있다. 지점장이 부지점장의 자리를 맡아 달라고 제안했다. 이것은 굉장한 기회이기 때문에 이 제안을 수락할지 진지하게 고민했다.

부지점장이 되면 연봉이나 복지혜택뿐 아니라 업무 범위도 상당히 넓어진다. 물론 지금 일하고 있는 은행에 입사하기 전에 다른 은행에서도 부지점장으로 근무한 경험이 있었기 때문에 업무를 수행하는 데 필요한 경험과 스킬을 갖추고 있었다. 하지만 제안을 수락하기 전에 승진 조건에 몇 가지 협상이 필요했다.

우선 연봉 협상이 필요했다. 거기다 경영진이 되었을 때 받게 되는 복지혜택에 대해서도 얘기를 듣지 못했다. 이윤정은 지점장과 만나서 승진 조건에 대해 협상을 하고 나서 부지점장 자리를 받아들였다.

상대의 제안을 수락하기 전에 협상을 할 때는 마지막 기준을 알고 있어야 한다. 이것을 모르고 수락하면 당신이 원했던 것보다 만족하지 못한 결정이 되고 그러면 후회하게 된다.

상대의 부탁을 들어 준다고 승낙하면 계속해서 요구를 하고 그 것을 너무나 당연한 것으로 받아들이는 사람들이 있다. 이럴 때는 과감하게 'No'라고 말하거나 조건을 내세워서 승낙을 해야 한다. 상대의 부탁을 들어주기로 할 때 조건을 내세우는 방법은 상품의 판매에서 가장 많이 활용하는 방법이다.

"당신이 직접 조립한다면 5% 깎아 줄 수 있습니다", "당신이 ~을 포기하면 10% 싸게 해 드릴 수 있습니다"와 같은 방법이다.

당신이 내 요청을 받아들인다면 나도 당신의 요구를 승낙하겠다는 것이다. 조건부 승낙은 끊임없이 당신한테 요구하는 동료한테도 활용할 수 있다.

가령 당신은 동료를 대신해서 사무실에서 철야 근무를 하기도 하고 때로는 자료 정리를 대신하기도 하고, 까다로운 고객을 떠맡을 경우도 있다. 이런 경우에 조건부로 승낙하는 것이 가장 효과적이다.

"당신이 내 자료를 정리해 준다면 당신 부탁을 들어줄게요" 혹은 "다음주에 제 대신 밤 근무를 해 준다면 그렇게 할게요"라고 대답한다.

처음에 거절하려고 했던 부탁을 승낙할 수 있는 조건으로 바꾸려고 할 때는 그 부탁이 협상 가능한지 여부를 검토해야 한다. 다음은 협상 여부를 판단하는 데 도움이 되는 질문이다.

- 정말로 관심이 있는 부탁인가?
- 일정에 맞게 조건을 조정할 여지가 있는가?
- 그 조건으로 부탁을 들어줘도 조건을 안 붙일 때와 같이 바람직한 결과가 도출되는가?

부탁을 승낙하기 위해 협상을 할 때 가장 기본적인 요소는 당신이 부탁의 조건과 협상 결과에 만족해야 한다는 것이다. 때로는 상대의 부탁의 취지에 공감하고 최선을 다해서 도와주고 싶어서 승낙하는 경우도 있다. 이런 경우는 긍정적인 결과를 가져온다.

상대의 부탁을 들어주기로 할 때 그것이 당신과 이해관계가 생기지 않는지, 혹은 당신의 시간을 빼앗는 부탁인지를 확인하고 난 다음에 결정한다. 가장 중요한 것은 당신이 할 수 있는 방법의 범위를 벗어났다거나 잘못된 이유라면 부탁을 승낙하지 않아야 한다. 결과적으로 당신의 욕구가 충족될 수 없기 때문에 당신과 부탁한 사람, 그리고 주위 사람들한테도 불만을 갖게 되기 때문이다. 상사의 요구에 거절하는 경우도 있지만 상황에 따라 타협하는 경우도 있다.

부당한 요구를
맡았을 때 다른
사람한테 떠넘긴다

'부당한 요구'는 그 사람의 주관에 따라 달라지기 때문에 약간 애매한 문제이기도 하다. 당신한테는 불합리한 것이라고 해도 요구하는 측은 공정하다고 생각할 수 있다. 그러므로 상대가 누구냐에 따라 어떻게 대응할 것인가 달라지는 사안이기도 하다.

여기서 말하는 부당한 요구는 새로운 업무에 도전하는 것이 아니라 공정하게 배분되지 않아 업무 부담이 과도하게 됐을 경우다. 상대가 당신한테 강요하지 않는다고 해도 과도한 요구에 대처하는 방법을 알아두도록 한다.

과도한 부담을 지게 된 이유는 당신한테 부탁하는 사람 때문이라기보다 올바로 거절하지 못하는 당신 자신의 문제가 더 크다. 당신이 책임지는 것을 좋아하거나 능력을 보여주고자 하는 욕구가 강한 사람이라 'No'라는 말을 할 줄 모르는 사람일 수 있다. 업무에 쫓겨 허둥지둥하지 않기 위해서는 요구를 거절하는 법을 알아두도록 한다. 이때 단호하면서도 공손한 말투로 얘기하는 것이 중요하다.

예를 들어 당신한테 업무를 과도하게 요구하고 있다면 더욱 잘하는 사람한테 말하도록 상대한테 말한다. 이런 경우에 "이것은 내 업무가 아니다"고 말해서는 안 된다. 이렇게 말하면 또 다른 문제를 야기할 가능성이 있고 문제해결에 도움이 되지 않는다.

- 시장 조사 업무는 최 대리님이 베테랑입니다. 그 질문에 저보다 정확하게 대답할 수 있는 사람이에요. 그래서 이 건은 저보다 최 대리님이 하는 게 좋을 거 같습니다.
- 저는 이벤트 기획 업무를 하고 있어서 데이터 처리 업무를 해 본적이 없어요. 이 업무는 사전에 전문성이 있는 사람한테 얘기를 듣고 나서 진행하는 게 좋을 거 같습니다.
- 저는 편집 레이아웃에 대해서는 잘 몰라요. 저는 카피라이터이고 편집에 대한 감각은 없습니다. 제가 추천하고 싶은 그래픽 디자이너가 몇 명 있어요.

상대가 요구한 마감일까지 완료시킬 수 없는 프로젝트가 주어진다면 계획 과정에서 다른 사람을 끌어 들여 문제를 함께 해결하는 방법도 좋다.

- 마감해야 할 다른 업무도 있고, 이 업무를 마감 날까지 할 수 있을지 어떨지 걱정된다. 일단 무엇을 먼저 해야 하는가 업무의 우선순위에 대해 같이 얘기를 나눴으면 한다.
- 할 수 없는 것은 아니지만 그렇다면 지금 하고 있는 업무를 미뤄도 된다면 도와 줄 수 있다. 그래도 괜찮겠어? 하고 말한다.
- 프로젝트를 마감일까지 완료하기 위해서는 'No'라고 직접 말하지 않고 문서로 작성해서 완료 기간을 연장한다고 주장하는 방법도 있다. 마감일에서 역으로 산정해서 반드시 해야 할 조치를 의논한다. 예를 들면 정보나 자료를 제3자한테 얻을 필요성이 있는가, 승인을 얻지 않으면 안 되는지, 진행에 방해되는 휴가 등에 대해서 확실하게 빈틈이 없도록 하기 위해 프로젝트의 진행 도표를 만든다.

업무에 대한 과욕을 부리다가 문제가 생겼다면 당신이 반성해 봐야 한다. 이런 경우는 누구도 당신을 도와 줄 수 없다. 당신만이 업무의 우선순위를 제대로 파악할 수 있기 때문이다. 프로젝트를 수행할 때 당신한테 할당되는 업무 이상으로 더 많은 일을 맡으려는 경향이 있다면 의식적으로 자기 한계를 정해 놓는다.

현재 당신에게 주어진 일들이 어떤 것이 있는지 정리한 다음에 지금 맡은 프로젝트와 당신이 하고 있는 모든 업무의 기한을 정한다. 당신이 진행하고 있는 업무가 있음에도 별도의 프로젝트를 맡았다면 직장 생활은 스트레스로 가득 찰 것이다.

당신이 주어진 업무보다 더 많은 일을 맡아 보고자 생각하고 있다면 야근을 하거나 주말에도 회사에 나와서 일을 하거나 일거리를 집에 가져가야 할지도 모른다. 그럴 경우 사생활에 미치는 영향도 있으므로 이런 일이 벌어지지 않도록 하는 것이 좋다. 평상시에 이런 생각을 해 두면 많은 일을 맡고자 하는 유혹에서 이겨 낼 수 있다.

프로젝트를 수행하면서 적절하게 'No'라고 말하지 못할 경우 나쁜 결과가 될 수도 있다. 팀을 결성할 때는 프로젝트를 성공적으로 수행하는 데 필요한 다양한 재능과 기술을 가지 사람들을 참가시키기 때문이다. 당신이 프로젝트에서 맡아야 할 업무 이상으로 더 많은 일을 맡았을 때, 업무의 품질도 떨어질 수 있다. 이렇게 되면 당신의 의도와 달리 프로젝트가 성공하지 못할 수도 있다. 결과적으로 당신이 감당할 준비가 된 수준 이상으로 더 많은 일을 맡으려 하는 것은 그 누구를 위해서도 좋은 일이 아니다.

무례한 행동을
하는 사람

어느 직장에나 무례하고 불쾌한 행동을 하는 사람은 반드시 있다. 자신이 아니면 안 된다고 생각하는 사람도 있고 상대한테 거침없는 말로 떠벌리는 사람도 있다. 모욕적인 말을 써서 보낸 메일에 보복하는 답신을 하면 그 메일을 다시 윗사람한테 보내 고자질하는 사람도 있다. 이런 사람들과 똑같이 화를 낸다면 불에 기름을 붓는 것이나 마찬가지다.

이런 사람과 똑같이 비난하고 화를 낸다면 당신의 혈압이 상승할 뿐이고 두 사람의 관계가 나빠질 뿐이다. 이런 사람들한테는 침착하고 예의 바르게 대하는 것이 좋다. 당신이 차분하게 대응하면 오히려 무례하게 굴지 못한다. 당신이 흥분한 상태라면 대화하기 전에 시간을 두고 감정을 조절해서 차분히 가라앉히고 나서 대화하는 것이 영향력을 발휘할 수 있다.

가령 직장에서 문제가 발생하고 당신이 책임을 지고 있어 사과해야 하는 입장이라고 하자. 동료는 펄펄 뛰면서 화를 내고 있다. 이런 경우 동료한테 진정하라고 말하지 말고 동료가 분노의 감정을 발산하도록 내버려 둔다. 화난 사람한테 진정하라고 말하는 것은 분노의 불꽃을 오히려 타게 하는 것과 마찬가지다. 화가 나서 제멋대로 행동하는 사람은 침착하게 대응하고 예의 바르게 대해 주는 것이 효과적인 대응이다.

> **동료** (화를 내면서) 뭐하는 거야? 전부터 단가 협상을 해야 한다고 그렇게 말했는데 지금까지 뭐하다가 이런 청구서가 날아오게 하는 거야? 바보 같으니라고!
>
> **당신** 내 잘못이야 미안해. 그런데 여기는 직장이야. 말을 가려서 했으면 좋겠어.
>
> **동료** 뭐야? 이렇게 된 건 모두 네 책임이잖아.
>
> **당신** 이렇게 계속 흥분해서 말한다면 더 이상 대화를 할 수 없어서 그러는데. 잠깐 시간을 두고 나서 얘기하도록 하자.

무례한 태도는 서로한테 좋지 않다고 확실하게 말하고 상대가 흥분해서 예의 없는 행동을 하지 않도록 한다. 당신은 상대의 말을 인정한다는 자세를 보여주는 것도 중요하지만 예의 바르게 행동한다는 점을 잊지 않도록 한다.

"말씀하신 아이디어는 정말 훌륭하네요. 하지만 그런 훌륭한 아이디어를 받아들이고 싶지 않게 하는 그 말투가 불쾌하네요."

상대한테 무례한 태도를 취할 때 어떤 영향을 주고 있는가 알아 두도록 하자. 무례하고 화를 내는 사람이 있다면 그 사람의 생각까지 싫어하게 된다. 그래서 아무리 참신한 아이디어라고 해도 그 아이디어에 반대할 이유를 찾는다. 또한 이런 사람 때문에 일할 의욕이 없어지는데, 이것은 개인의 문제가 아니라 부서 전체의 의욕이 저하된다. 그러므로 직장에서 무례하고 예의 없이 행동하는 것은 전체한테 영향을 주는 문제가 된다. 그렇다면 이런 상황을 어떻게 개선하는 것이 좋은가?

상대의 무례함에 대해 말하고자 한다면 메일이나 메모로 전달하는 것보다 직접 만나서 말하는 것이 좋다. 메일이나 메모는 증거가 남아서 시간이 지나고 난 다음 후회할지 모른다. 또한 글로 쓴 것이 당사자 외에 밖으로 새어 나갈 수도 있다.

이런 경우에는 서면으로 문제를 해결하려고 하면 오해가 발생할 가능성이 있기 때문에 상대의 얼굴을 보면서 직접 만나서 말하는 것이 좋다. 서로의 얼굴을 보면서 감정을 솔직하게 표현하면서 대화하는 것이 중요하다.

그러므로 마음을 차분하게 가라앉힌 다음에 상대와 직접 만나

서 자신의 말을 상대가 어떻게 받아들이고 있는가를 확인하면서
말하는 것이 좋다. 그리고 상대한테 솔직한 기분을 전달하는 것이
좋다. 무례한 행동 자체를 여러 가지 핑계를 대면서 정당화해서는
안 된다.

- 제가 잘못들은 겁니까? 다시 한 번 말씀해 주세요.
- 저랑 함께 있을 때는 그런 말은 하지 말아주세요.
- 듣기 불편합니다. 점잖게 말씀하시지요.
- 내가 업무를 실수해서 비판당하는 것은 참을 수 있지만 무시당하고 싶지 않다. 내가 무시당하는 말을 들을 이유가 없다. 혹시 내게 문제가 있다면 직접 말을 해 달라.
- 나는 당신과 함께 업무를 하려고 하는데 당신은 양보하고자 하는 마음이 없는 것 같다. 감정적인 문제는 놔두고 지금 해결해야 할 현실적인 문제를 얘기하는 것이 어떻겠나?

어떤 노인은 이런 얘기했다. "누군가 절 괴롭히려 들 때면 미끼 끼운 낚싯바늘을 떠올립니다. 전 바보가 아니니까요. 미끼로 아무리 유혹한다 해도 제가 입을 활짝 벌려 낚싯바늘을 물지 않으면 되니까요. 가진 미끼를 다 써도 소용없을 테니까요."

성희롱에
대응한다

성희롱은 사회 전반의 문제이기도 하다. 여러 가지 형태의 성희롱이 있고 그 정도도 다양하다. 불쾌감을 주는 언행부터 시작해서 깜짝 놀라 화가 나는 성추행에 이르기까지 다양한 사례가 있다.

더구나 '미투(Me too)'운동으로 사람들이 관심을 갖고 있음에도 지금도 그런 행위가 지속되고 있다는 것은 틀림없는 사실이다. 이 문제에 이토록 많은 관심과 논쟁을 벌이는 것은 그만큼 누구나 흔히 겪을 수 있는 문제이기 때문이다.

특히 직장에서 힘의 관계가 대등하지 않는 계약직이나 파견사원, 비정규직 사원들은 계약 연장이 되지 않으면 어떻게 하나라는 불안감을 가지고 살아간다. 더욱이 일정 기간 후 정직원의 기회

가 주어지는 조건이라면 모든 사람들한테 미움받지 않도록 신경
써야 하고 이들은 직장 내 상습적인 피해자가 되기 쉽다. 소위 '갑
질'의 대상이 되어 괴롭힘을 당하는 것이다. 그 상대가 생사여탈
권을 쥔 상사라면 대처하기가 쉽지 않다.

어떤 경우에도 성희롱을 해서는 안 된다. 마찬가지로 성희롱을
당하고 나서 마음이 약하니까 혹은 소극적인 성격이라서 성희롱
을 당했다고 항의하지 못한다고 해서는 안 된다. 성희롱을 당하면
상대한테 직접 항의를 하고 'No'라고 말해야 한다.

성희롱뿐만이 아니다. 업무상 불쾌감을 줬거나, 저속한 흉내를
내거나, 위협했을 때도 항의한다. 이것은 무례한 행위라고 상대
한테 말하고, 당신이 이런 일에 참지 않는다는 것을 확실하게 말
한다.

직장 내 성희롱은 처음에 확실하게 거절하지 않으면 수위가 점
점 높아지기 마련이다. 나중에는 성희롱이나 성추행 사실을 고발
해도 당사자의 착각이라거나 증거가 없다면서 오히려 책임을 뒤
집어씌우기도 한다.

처음 성희롱을 당하면 당황스런 마음에 상대를 피하기만 하는
경우도 있다. 일부는 "대체 내가 어떻게 행동했기에 그런 식으로
대했을까?" 하고 스스로를 비난하고 자책하는 경우도 있다.

상대가 말이나 행동을 반복하면 앞에서 한 경고를 반복해서 말하고 이전에 일어났던 일을 서면으로 작성해 상대한테 보내고 자신도 보관하는 방법도 있다. 그래도 계속해서 상대가 성희롱을 반복하고 회사에서도 적극적으로 해결에 나서지 않는다면 외부기관에 도움을 요청하고 성희롱 죄로 상대를 고소한다.

상대의 행동이나 말이 거슬리고 불편하다고 분명하고 단호하게 말한다. 필요하다면 이런 행동이나 말을 성희롱으로 간주하겠다고 경고하고 더 이상 하지 말라고 말한다. 만약을 대비해 상대의 행동이나 말, 일이 일어났던 시각, 함께 있었던 목격자의 이름까지 메모해 둔다.

그래도 상대가 이런 말이나 행동을 반복하면 앞에서 한 경고를 반복하고 이전에 일어났던 일들을 서면으로 작성해 가해자와 가해자의 상사에게 보내고 자신도 보관한다. 그래도 계속해서 상대가 성희롱을 반복하고 회사에서도 적극적으로 해결에 나서지 않는다면 외부기관에 도움을 요청하고 성희롱죄로 상대를 고소한다.


최근 성희롱의 특징 중 하나는 상대가 일방적으로 성적인 관계를 강요하기보다 연애감정이 얽혀 있는 경우가 많다. 처음에는 연애감정을 갖고 순조롭게 사귀다가 거절했는데도 끈질기게 만남을 요청하거나, 사귀다가 헤어진 여성이 성희롱으로 고발해서 결국

남자가 회사를 그만 뒀지만 매일 협박 전화를 받는다는 사례도
있다.

이런 성희롱을 없애기 위해서는 각자가 스스로 깨닫는 것도 중
요하지만 질서 있는 직장 문화를 만드는 것도 중요하다. 성희롱은
여성만의 문제가 아니라 책임의식을 가지고 개선해야 할 문제
이다.

성희롱의 피해자가 되었다면 다음과 같이 한다.

### ① 먼저 주의를 준다

"그런 말을 하다니 불쾌합니다. 그런 말 하지마세요."

"그런 말을 하다니… 정말 참을 수 없네요."

"그런 말을 하는 건 모욕이에요."

혹시 이런 정도의 말로는 통하지 않을 만큼 심하게 성희롱하는
사람이라면 권한 남용이나 갑질 행위로 정식으로 고소한다는 말
을 한다. 암시하는 정도라도 상대는 움찔하고 무서워한다. 또는
믿을 수 없는 척하면서 단호하게 말한다.

"앞에서도 말했지만, 진지하게 받아들이지 않는 것 같은데 이것
은 분명히 성희롱입니다."

"사무실에서 그런 말을 하는 것은 부적절하다고 전에도 말했는

데요. 인사부에 정식으로 서류 제출 하겠어요."

"그런 바보 같은 말을 하는 사람이었다니 믿을 수 없다."

"고소할 가능성도 있다는 것을 알고 있겠죠?"

"설마 진심으로 그런 말을 한 건 아니죠?"

"(제 3자를 향해서) 그런 말을 이 사람이 말했어? 설마 이 사람이 그런 말을 할 사람이 아니야."


### ② 성희롱에 농담으로 대꾸하지 않는다

성적인 말을 입에 자주 올린 사람들에게 "그대로 돌려주고 싶다"고 생각해서는 안 된다. 예를 들어 어느 날 "아, 예쁜 스웨터 입었네. 근데 거기 볼록하게 들어 있는 게 뭐야? 사과 넣었어? 먹고 싶다"고 했다고 하자.

이때 비웃는 말로 "당신 팬티 안에 있는 건 뭐야? 소시지?"와 같은 이런 식의 농담을 주고받지 않아야 한다.

이런 식의 농담으로 대응하면 당신은 짓궂은 말을 하는 인간으로 보이는 것뿐만이 아니라, 앞으로도 계속 그런 행위를 상대한테 허락하는 사람이 된다. 상대는 당신도 좋아서 이런 말을 주고받는 것이라고 생각한다. 그러면 당신은 이런 게임에서 벗어날 수 없게 된다.

그들은 농담을 주고받으며 붙임성이 좋은 사람이라고 하거나 혹은 자신에게 관심의 표시라고 받아들인다. 농담으로 주고받으며 즐긴다고 하더라도 이런 농담은 직장에서 할 말은 아니다.

혹시 이런 사람들은 당신을 성희롱이나 성추행을 해서 곤란하게 만들 가능성이 있다.

제4장

# 내키지 않는 모임에 'No'라고 말하는 기술

어떤 행사나 모임이든 갈 것인가 가지 않을 것인가를 결정하기 전에 자신이 진짜 참가하고 싶은가 어떤가를 생각한다. 이것은 말할 필요도 없이 당연한 것이라고 생각한다. 하지만 이 중요한 사항을 잊어버리고 다른 사람들이 어떻게 생각할 것인가를 우선적으로 판단해 원치 않게 큰 대가를 치른 경험이 있을 것이다. 모임에 갈 것인가 말 것인가는 당신이 가고 싶은가 어떤가가 판단기준이 되어야 한다.

## 의미 없는 모임은
## 거절한다

 

사람들한테 인정받고 싶고 주목받고 싶다는 욕구는 불가능한 일을 성공시키는 원동력이 되기도 하고 인생을 바꾸기도 한다. 미국의 윌리엄 제임스(William James)는 인간 본성에서 가장 근원적인 심리는 인정받고자 하는 욕구라고 했다.

그래서 사람들이 많이 모인 행사나 모임에 출석해 인정받고자 한다. 하지만 현실은 모임에 참석해도 대화가 통하지 않아 따분하고 재미없다고 느낀다. 더구나 자신은 사람들한테 인기 있는 것 같지도 않다. 무료하고 따분할 뿐이다. 마음속으로는 사람들한테 인정받고 싶고 인기 있는 사람이 되고자 끊임없이 모임이나 행사에 참석하고 있지만 현실은 그렇지 못하다. 자신한테 의미 없는 모임인데도 'No'라고 하지 못한다.

예를 들어 모임에 모였던 사람들과 대화가 잘 되지 않아 따분한데도 먼저 집에 간다고 말하지 않고, 누군가 다른 사람이 집에 간다고 말하기를 기다린다. 그래서 누군가 집에 간다고 말을 꺼내고 난 다음에 모두 한꺼번에 자신도 가야 한다고 말한다.

모임에 참가하는 것은 상당히 큰 비용과 노력을 지불해야 한다. 초대받은 장소에 가기 위해 몇 시간이 걸리는 경우도 있고, 가족들과 약속을 취소하고 가는 경우도 있다. 때로는 모임에 입고 갈 옷을 새로 사야 하는 경우도 있다. 문제는 이렇게 많은 비용을 지불해서 참석한 모임인데도 재미없다는 것이다.

그러므로 모임에 참가하기 위해서는 소요될 비용을 계산해 총 지출을 비교해 본 다음에 참가여부를 결정해도 된다. 이런 모든 것을 고려한 다음 거기에 맞게 예상하는 것이 좋지 않을까?

또한 당신이 모임에 가기 위해 쓰는 시간은 상당히 귀중한 시간이다. 그 시간은 수면, 업무, 가사, 가족의 뒷바라지 등 해야 할 일을 하고 난 다음 겨우 낼 수 있는 시간이다. 그러므로 이렇게 얻은 시간은 매우 귀중하다. 그래서 더욱 의미 있게 시간을 써야 한다.

내키지 않은 모임에 'No'라고 말하는 것은 시간을 낭비하지 않는 방법이기도 하다.


처음에는 모임에 간다고 약속하기는 했지만 나중에 갈 수 없다고 거절하는 말을 자주 듣는다. 이런 상황이 일어나지 않게 처음부터 약속하지 않는 것이 오히려 더욱 좋은 방법일 수도 있다.

전창민(34)은 요즘 아내와 집에서 텔레비전을 보면서 조용하게 저녁시간을 보내고 있다. 두 사람이 외출하지 않고 집에서 조용히 지내는 것이 그렇게 쉬운 일이 아니었다. 부부가 함께 일하고 있는데다 아이도 둘이 있어서 집에서 함께 쉬는 시간을 가질 기회가 없었다.

물론 시간을 어떻게 보낼 것인가는 당신이 결정하고 있다. 그러나 생각하지 않으면 안 되는 것은 이런 모든 일의 결정은 자신을 위해서 해야 한다는 것이다. 스케줄에 무언가를 써 놓지 않으면 모임을 거절할 수 없다고 생각하는 사람도 있다. 뭔가 예정이 있어야 정당한 이유가 될 수 있고, 그래야 거절할 수 있다고 생각하는 사람도 있다.

그러나 예정이 있다는 의미를 넓게 해석할 수 있다. 당신이 혼자 조용히 책을 읽으면 지내고 싶다고 생각하는 것도 당신의 예정이다. 이것이야말로 당신 자신을 위한 스케줄이 있는 것이다. 이렇게 생각해서 모임을 거절하는 것은 거짓말을 하는 것이 아니다. 그러므로 죄책감을 느끼지 않아도 된다.

우리는 상대가 원하는 대로 행동하다 보면 불만이 쌓이고 우울해지고 상대와 소통을 거부하고 혼자의 세계로 빠져들고 자존감을 잃게 된다. 바람직한 인간관계를 위해서는 자신의 감정을 솔직하게 말하는 것이 좋다.

- 저녁에 읽어야 할 책이 있으니까 모임에 갈 수 없어.

- 안 돼. 머릿속으로 정리해야 할 일이 있어서 참가할 수 없어. 이렇게 솔직하게 'No'라고 말한다.

## 갈 것인가 말 것인가를 판단하는 기준

어떤 행사나 모임이든 갈 것인가 가지 않을 것인가를 결정하기 전에 자신이 진짜 참가하고 싶은가 어떤가를 생각한다. 이것은 말할 필요도 없이 당연한 것이라고 생각한다. 하지만 이 중요한 사항을 잊어버리고 다른 사람들이 어떻게 생각할 것인가를 우선적으로 판단해 원치 않게 큰 대가를 치른 경험이 있을 것이다. 모임에 갈 것인가 말 것인가는 당신이 가고 싶은가 어떤가가 판단기준이 되어야 한다.

흔히 있는 일 중에 내가 방심하고 있는 사이 누군가가 갑자기 붙잡고 물었을 때 반사적으로 'Yes'라고 대답하고 나서 마음속으로 갈팡질팡하는 사이에 얘기가 결정된 적이 있을 것이다.

**친구**　이번 주 금요일 밤 시간 돼?

**당신**　응, 잠깐 기다려 봐. 괜찮을 거 같은데. 왜?

**친구**　일 끝나고 저녁에 항상 그 곳에서 모이려고 하는데 올 수 있어?

**당신**　응, 갈 수 있을 거 같은데.

**친구**　좋아. 그럼 금요일 밤에 봐. 치킨이랑 피자랑 갖고 올 수 있지?

**당신**　그래, 알았어.

(금요일 저녁 5시가 되었다)

**당신**　(마음속으로) '어떻게 할까? 벌써 약속을 했는데…. 내가 치킨이랑 피자를 가져가야 하나? 별로 내키지 않는데. 게다가 1주일간 직장에서 얼굴 본 사람들하고 또 만나서… 항상 똑같은 얘기를 하겠지. 싸구려 맥주에 담배 연기는 정말 싫다! 그냥 이대로 집에 가서 쉬고 싶다.'


처음에는 가겠다고 약속했지만 시간이 지나면 관심과 흥미가 변한다. 이런 결정이 어떤 상황에서는 유리하고 또 다른 상황에서는 불리할 수 있다. 사실 재미있는 시간을 보낼 수 있을 것인가 어떤가는 예측 불가능하다. 그런데 좋아하는 사람들과 함께 시간을 보내면 즐겁게 보낼 가능성은 높아진다. 하지만 언제 재미있는 시간을 보낼 수 있는지는 아무도 모른다.

그러므로 자신이 결정하기 전에 자신이 진짜 가고 싶어 하는지, 초대의 의미를 생각해 보는 방법이 있다. 아무 생각하지 않고 간단하게 'No'라고 말한다면 잊을 수 없을 정도로 훌륭한 시간을 놓쳐버릴 수도 있다. 당신은 속세의 은둔자로 사는 것이 인생 목표가 아닐 것이다. 때로는 당신이 기회를 만들어야 할 때도 있고, 내키지 않으면 피해도 된다.

당신이 가지 않겠다고 마음을 바꿀 경우 사람들은 그 결정을 싫어할 수 있다. 그리고 당신에게 "가겠다고 해 놓고서 이제 와서 마음을 바꾸다니 말도 안 돼. 당신이 마음을 바꾸는 것은 잘못이다. 가지 못한 정당한 이유를 얘기해 주거나 아니면 당신이 실수했다는 것을 인정해야 한다"고 당신을 조정할 수도 있다. 하지만 이런 말에 넘어가지 않아도 된다.

어디까지나 당신이 결정할 사안이고 당신 인생이다.

그리고 모임에 참석 여부를 고민하지 않기 위해 당신의 취향을 알아두는 것이 도움이 된다. 당신이 어떤 타입의 행사를 좋아하는지 알고 있다면 그 행사가 자신의 취향에 맞는지 어떤지를 예측할 수 있다. 사람이 많이 모여서 하는 큰 규모의 파티와 제한된 공간에서 제한된 사람을 상대로 얘기하는 것 중에 어느 쪽을 더 좋아하는가?

많은 사람들이 분위기를 띄우고 모르는 사람들과 어울려 노는 곳을 좋아하는가? 아니면 친구들과 허물없이 대화하는 친밀한 모임을 좋아하는가?

당신은 모임의 끝까지 남아 있는 사람인가? 아니면 도착해서 20분 정도 지난 후에는 동행자한테 가서 "언제 갈 거야?" 하고 묻는 사람인가?

이런 질문을 해서 자신이 좋아하는 모임을 알 수 있도록 한다. 하지만 정작 중요한 대답을 할 때는 자신이 좋아하는 모임인가 어떤가는 신경 쓰지 않고 대답하는 경향이 있다. 그 결과 모임에 나가서는 "내가 여기에 뭐 하러 온 거야? 하나도 재미없어" 하고 후회하고 있지 않은가 돌아보도록 한다.

상처주지 않고
거절하는 기술

### ① 시간을 번다

사람을 의심하지 않는 사람은 "토요일에는 뭐 할 거야?" 하는 질문에 간단하게 걸려든다. "토요일에 별일 없어?" 또는 "토요일은 바쁘니?" 하는 질문도 포함된다.

이런 질문을 받았다면 두 가지로 대답하는 것이 좋다.

A "예정이 있어. 왜?"
B "아마 일이 있을 거 같은데, 무슨 일이야?"

"토요일에 뭐 할 거야?" 하고 의도를 확실하게 말하지 않는 질문을 받았을 때는 어떤 상황인지 아직 모른다. 아이들 생일잔치 음식을 장만하는 것을 도와 달라고 부탁하는지, 아니면 어딘가 함께 가자고 할지 확실하게 모르는 상태다.

예정이 있다고 대답하면 내키지 않은 일을 말해도 빠져나갈 방법을 마련해 두는 것이나 마찬가지다. 이것은 당신이 아무 생각 없이 'No'라고 말하는 것이 아니다. 이것은 당신이 스트레스를 느끼지 않고 신중하게 생각하기 위해 시간을 버는 방법이다.

그리고 상대가 초대하는 것이라고 분명히 말해, 당신이 가고 싶다고 생각한다면 "그래, 예정을 바꿔서 갈게"라고 말하고 초대를 승낙하면 된다. 초대해 준 상대는 어쨌든 당신이 예정을 바꿔서까지 자신의 초대에 응해 준 것을 고마워 할 것이다.

그런데 이런 상황에서 서둘러서 대답해서는 안 된다. 때로는 얘기를 끝까지 듣지 않으면 낭패를 보는 경우도 있다.

**친구** 토요일 밤에 뭐할 거야?

**당신** 예정이 있는데. 왜 그러는데?

**친구** 뮤지컬 표를 얻었는데….

**당신** 와~ 대단하다. 예정을 변경할까?

**동료** 그래서 말인데 대신 출장을 가 줄 수 있을까 해서.

**당신** ….

## ② 일단 초대받은 것을 감사한다

당신이 참가하고 싶은가 어떤가에 관계없이 상대는 당신을 초대하고 있다. 보통, 당신이 초대를 거절하고 싶다고 생각하는 것은 초대해 준 상대가 싫어서가 아니다. 그 모임 자체에 끌리지 않거나, 혹은 타이밍이나 장소 등 다른 요인들도 있다. 예를 들어 참가하지 않더라도 초대받았다는 사실을 기뻐하고 초대자에게 감사한다.

자신을 친한 사람으로 넣어줘서 얼마나 감사하고 있는지를 상대한테 전하고 거기서 좋은 기분을 느낀다.

당신이 "나를 생각해 줘서 정말 고마워"라고 진심으로 말한다면 참가할 수 없다고 해도 당신의 따뜻한 마음이 상대한테 전달될 것이다.


## ③ 자신의 약속을 우선한다

혼자 있는 시간을 위해 초대를 거절해도 죄책감이나 양심의 가책을 느끼지 않도록 한다. 다른 사람과의 관계는 누구나 중요하다. 그렇다고 해서 자신을 위한 시간보다 사람들과 지내는 시간을 우선할 필요는 없다.

사람들과 교류가 항상 재미있고 의미 있는 시간이라고는 할 수 없다. 때로는 보통 때와 달리 사람들과 어울리고 싶고 혼자 있고 싶다고 생각할 때도 있다. 인간관계는 발전시키는 것이 중요하지만 자신을 위한 시간을 만드는 것도 중요하다.


### ④ 결정하기 어려울 때는 'No'라고 말해 둔다

어떤 모임에 참가할 것인가 어떤가를 결정하기 어렵다면 일단 'No'라고 말하는 것이 융통성이 있다. 초대된 사람을 미리 예약한 다음 요리를 주문하는 모임이라면 다르지만, 나중에 당신이 다시 출석하고 싶다고 해도 대부분의 초대자는 좋아한다. "예정이 취소돼서 그러는데 거기 가도 되니?" 하고 말하는 것이 초대 당일 취소하는 것보다 훨씬 좋다.


### ⑤ 변명은 인간관계를 악화시킨다

모임에 가지 않는다고 변명을 하기 전에 변명이 필요한가 어떤가를 생각해 본다. 경우에 따라서는 긁어 부스럼을 만드는 경우도 있다.

조선아(38)는 마라톤 동호회의 리더로서 모임을 이끌고 있다. 모임이 있는 날 다른 회원한테 전화를 받았다. 그 회원은 오늘밤 모임에 참가할 수 없다고 말하면서 숨도 쉬지 않고 이유를 말했다. 남편이 갑자기 지방 출장이 잡혀서 출장 준비를 해서 공항까지 가방을 가져다 줘야 해서 모임에 참가할 수가 없다고 했다.

선아는 그 전화를 끊고 나서 동네 골프 연습장에 갔는데 거기서 그 회원의 남편을 만났다. 골프 연습을 하고 있었고, 업무적으로 출장 가려는 모습으로는 보이지 않았다.

그 회원은 자주 거짓말을 하는 사람일지 모른다. 혹은 일부러 변명을 하지 않으면 모임에 결석하기 어렵다고 생각하는 사람일지 모른다. 어느 쪽이 되든지 거짓말을 해서 인간관계에 문제가 생겼다. 선아는 그 회원이 정직하게 말해 주지 않은 것 때문에 불쾌한 생각이 들었다.

그 회원이 간단하게 "오늘밤은 모임에 갈 수 없어"라고 말했다면 큰 일로 번지지 않았을 것이다. 이렇게 아무 말이나 해도 된다고 생각하는 사람은 자신을 신뢰하고 있지 않은 사람일 가능성이 크다. 선아는 그녀를 신뢰할 수 없는 사람이라고 생각했다.

이 사례는 거짓말은 반드시 탄로 나고 정직하지 않으면 인간관계에 나쁜 영향을 준다는 것을 확실하게 보여주고 있다.

꼬치꼬치 캐묻는
사람의 경우

당신이 결석하는 것을 기분 좋게 받아들일 사람은 없다. 다른 일정이 있다고 대답하는 것만으로는 만족하지 못하고 그 일정이 무엇인지 꼬치꼬치 캐물어 물어보는 사람도 있다.

그러면 변명을 하려고 할지 모르지만, 끝까지 당황하지 않아야 한다. 혹시 당신이 애매하게 해두고 싶다면 "그냥 개인적인 일이야"라고 말하면 된다. 상대가 무례하게 굴어도 그렇게 말을 끝맺어도 괜찮다. 그런 사람들에게 일일이 설명하거나 기쁘게 할 필요는 없다.

### ① 정직한 변명이 효과적인 경우

상황에 따라 초대를 거절하는 이유를 있는 그대로 말하는 것이 가장 좋은 경우가 있다. 상대에게 비밀을 털어놓으므로 두 사람의 관계가 깊이 있는 관계로 발전하는 경우다.

그리고 "당신이라면 알아주리라 생각해 정직하게 말하지만…" 이라고 말하고 나서 시작해도 된다.

- 건강 상태가 안 좋아 휴식하지 않으면 안 된다.
- 이번 주는 계속 숙박한 손님이 있어서 혼자 있는 시간이 필요하다.
- 정말 피곤한 상태라서 가도 내가 재미있게 즐길 수 없어서….
- 사람들이 많이 모여 있는 곳에서 떨어져서 있고 싶어. 몇 주 지나고 차분해 지고 난 다음에 만나면 괜찮을 거야.
- 다른 날이라면 금방 '그래'라고 말할 텐데. 오늘은 정말 피곤해서 집에 들어가야 해.
- 너희 친구들을 만나고 싶지만 오늘은 내키지 않아서 재미있게 만날 수 없을 것 같아.

### ② 정직하게 말하는 것이 좋지 않은 경우

당신한테 '아무래도 참가할 수 없는 특별한 이유가 있을 리 없다'고 생각하는 친구가 어떻게 해서든 참가하라고 설득할 때다. 이런 상황에서는 주의한다.

상대가 물고 늘어져도 동요해서는 안 된다. 조금 쉬지 않으면 안 된다고 이유를 반복해서 말한다. 혹시 필요하다면 이번에는 당신이 단호하게 말한다.

- 알지? 더 이상 말해도 소용없어.
- 네가 알아 줄 것이라고 생각하기 때문에 정직하게 말하는 거야.

### ③ 간단하게 변명한다

진실과는 다른 대답을 해야 하는 것이 유일한 방법이라고 생각할 때는 간단하게 변명하는 것이 최고다. 너무 세세한 사정을 말하면 앞서 사례로 든 마라톤 동호회의 회원과 같이 간단하게 거짓말이 탄로 난다. 이럴 때 간단하게 변명이나 핑계를 말하는 방법도 있다.

**아이를 핑계로 한다**
- 아이가 요즘 건강하지 않아서 옆에서 지켜보고 싶다.
- 아이를 맡길 수 있는 사람을 찾지 못했다.

**가족을 핑계로 한다**
- 아내 혹은 남편이 그날 밤은 벌써 예정이 있으니까.
- 출석하지 않으면 안 되는 친척의 결혼식이 있으니까.
- 아내가 오늘은 외출해서 아이들을 보살피지 않으면 안 된다.
- 부모가 와서 함께 지내고 있으니까.

154

## 업무를 핑계로 한다

● 안 된다. 마감일이 다가 왔다.

● 그날 밤은 잔업을 해야 한다.

● 바쁜 시기니까 집에서 대기하지 않으면 안 된다.

● 남편이 바쁜 시기라서 혹시 남편이 업무로 나가면 내가 아이들을
  보지 않으면 안 된다.

## 그 외 다른 용무를 핑계로 한다

● 학부모 회의가 있는 날이니까.

● 그날 밤은 배우러 가는 날이다.

● 동창회가 있는 날이다.

● 도배를 새로 해야 한다.

강요나 강매를
거절하는 방법

마뉴엘 스미스(Manuel J. Smith) 박사는 저서 《노라고 말할 때
죄책감을 느낀다 When I say no, I feel guilty》에서 비즈니스 관계에서
거절할 때는 '고장 난 레코드 기법'을 반복해서 사용하라고 했다.
물건을 사지 않겠다고 거절할 때도 그렇고 반품할 때도 약간 낮은
어조로 침착하게 반복해서 "안 사요. 혹은 필요하지 않아요."라고
말하는 것이 효과적이라고 했다.

문제는 판매원과 개인적인 친분관계가 있을 때다. 물론 아는 관
계라고 해서 냉수기나 청소기, 침구와 같은 제품을 사지 않으면
안 되는 것은 아니다. 그러나 친구나 아는 사람이 있을 때는 'No'
라고 말하지 못하는 사람이 많다.

그러나 당신한테 거절하는 이유가 있다면 그것으로 충분하다.

필요 없다, 혹은 쓰지 않는다, 그 제품에 돈을 지불하고 쓰고 싶지 않다, 관여하고 싶지 않다 하는 이런 이유만으로 충분하다.


**판매원** 이 요리책을 보면 전 세계 요리를 만드는 방법이 자세히 들어 있답니다.

**당 신** 알겠습니다만 나는 요리책을 살 생각이 없어요.

**판매원** 책을 보시면 생각이 달라질 거예요.

**당 신** 책이 좋다는 것은 알겠는데 살 생각은 없어요.

**판매원** 이번에 책을 사면 사은품으로 생과일주스를 만드는 믹서도 드려요.

**당 신** 믹서까지 주면 대단하네요. 하지만 살 생각은 없어요.

**판매원** 공짜로 믹서를 받을 수 있다니까요.

**당 신** 안 살 거라니까요.

**판매원** 그럼 다른 사람 소개시켜 줄래요?

**당 신** 난 당신 일에 관심 없어요.

**판매원** 소개시켜 주는 것도 안 되나요?

**당 신** 네, 관심 없어요.

**판매원** 관심 없다는 말만 하는데 얘기하기 싫은가요?

**당 신** 네, 그만 얘기하세요.


상대의 말에 말려들지 않으면서 당신이 말하고자 하는 'No'라고 대답하고 있다. 사실 이 기법을 사용하기가 쉽지 않다. 우리는 습관적으로 상대가 하는 질문에 그대로 대답하려고 하고, 자신이 하고 싶어 하는 얘기를 끝까지 못한다. 상대의 말에 공손하게 대답하지 않으면 안 된다고 느끼기 때문에 상대의 얘기에 말려들고 자신이 하고 싶어 하는 얘기를 온전하게 표현하지 못한다.

주변 사람들은 거짓말을 하고 속임수를 써서 물건을 강매하거나 당신을 이용하려고 하므로 물건을 안 산다고 'No'라고 끝까지 말하지 못한다.

친구나 친척은 스트레스를 주면서 당신을 이용하려고 하거나, 아니면 당신의 죄책감에 호소해 당신이 물건을 사게 하는 방법을 쓰고 있다.

그러므로 자신이 강요당해서 강매의 희생자가 되고 있다는 것을 깨달아야 한다. 그리고 다음과 같이 말하면 어색한 관계가 되지 않고 벗어날 수 있다.


- 가능한 빨리 대화를 스톱시킨다. 상대한테도 당신한테도 시간 절약이 된다. 그리고 당신이 실제로 세일즈 토크를 듣지 않는 것이 강매를 하지 못하게 하는 방법이다.
- 상대의 노력을 지지하는 측으로 돌아서서 성공을 기원한다.
- 'No'라고 말하는 이유를 간단하게 설명한다. 단호한 태도를 취하고 자신의 생각을 확실하게 말하고 필요하다면 몇 번이라도 반복해

서 말한다.

다음에 하는 대답은 당신의 친구나 친척, 동료가 팔려는 상품이 무엇이든 활용할 수 있다.

- 이 정수기는 내 예산으로는 살 수 없으니까.
- 난 이런 물건은 전혀 필요하지 않다.
- 이건 정말 좋은 청소기다. 이렇게 강력한 것이 필요하다면 좋겠지만, 지금 쓰고 있는 것도 잘 되고 있고 만족하고 있다. 고마워. 다음에 부탁할게.
- 네가 말하는 건강보조식품이 좋다는 것은 알겠어. 하지만 내가 이것을 먹고 싶다고는 생각하지 않아.
- 식품과 운동으로 건강 유지하는 것은 찬성이다. 그렇다고 해서 건강보조식품을 먹어야 한다고 생각하지 않는다. 좋은 정보를 얘기해줘서 고마워.

혹시 상대가 조금이라도 좋은 상품이라고 물고 늘어진다면 당신의 생각을 반복해서 말하고 혹시 필요하다면 내 기분을 존중해주라고 하고 이런 일로 말싸움하고 싶지 않다고 한다.

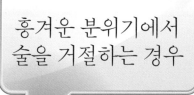

흥겨운 분위기에서
술을 거절하는 경우

우리 사회는 술에 대해 관대하다. 술을 마시고 난 다음에 취해서 잘못을 하고 추태를 부려도 너그럽게 봐주는 문화다. 직장 생활을 하면서 술을 못 마시는 사람이라도 한두 번 정도는 술자리에 합석을 해서 상사의 기분을 맞춰준 적이 있을 것이다. 하지만 거의 매일 술자리를 강요하다시피 하면 문제가 된다. 술을 좋아하는 상대하고 술자리를 하게 되었을 때는 어떻게 'No'라고 얘기하는 것이 좋을까? 사례를 보기로 한다.

**상사**　나만 마시고 있는데…자네도 마셔. 나 혼자만 마시면 안 되
　　　지. 그렇지? 마셔!

**당신**　저…팀장님 저는 술을 못하니까 신경 쓰지 않아도 됩니다.

팀장님의 얘기를 듣는 것만으로 저는 취하니까요.

**상사** 오~ 그럴듯한 말을 하네. 내 말에 취한다고? 이 사람, 내가 취했다고 아부하는 거 아니야?

**당신** 아니요. 저는 팀장님의 얘기가 뼈가 되고 살이 되니까요.

**상사** 그럼 상사가 권하는 술은 마셔야지. 마셔!

**당신** 팀장님, 저는 체질적으로 술을 받아들이지 못해서 마시면 쓰러집니다.

**상사** 자네는 사회인으로서 술도 못 마시는데 내가 가르쳤다는 얘기할 수 있어?

**당신** 네…그건…죄송합니다.

**상사** 자, 따랐으니까 마셔. 이건 수업이야. 술 마시는 수업이라고.


이렇게 음주습관이 나쁜 사람은 어느 회사나 어느 조직에도 있다. 이런 상사지만 낮에는 그럴듯한 모습으로 성실하게 보인다. 술자리를 한 적이 없던 당신은 상사의 술주정을 받게 된다.

알코올이 들어가면 완전히 다른 사람이 될 정도고, 술에 취해서 시비가 된다거나 말싸움이 될 수 있으니까 마지막까지 방심해서는 안 된다.

당신은 술을 한 모금 마셨더니 몸 상태가 좋지 않다고 하고 화장실로 간다. 그리고 알코올을 토해내고 나서 괴로운 표정으로 자리에 돌아와서 "죽을 것 같이 힘들어서 먼저 집에 들어가겠습니다"하고 말하고 그 자리를 빠져 나가는 것이 상책이다.

상사는 "기다려. 다 마시고 같이 가자고!" 말하지만 뒤돌아보지 말고 그냥 그 자리를 나오는 것이 좋다. 그리고 다음날 아침, 아무일도 없었다는 듯이 상사한테 가서 "어제는 여러 가지 지도해 주셔서 감사합니다. 덕분에 많은 공부가 됐습니다" 하고 말하면 상사의 체면을 세워주게 된다.

또 다른 방법은 상사가 취하기 전에 한 모금 마시는 척하면서 몸 상태가 좋지 않다고 하고 일찍 그 자리를 뜨는 것이 가장 좋은 방법이다. 한 번 술 상대를 하기 시작하면 직장 상사이기 때문에 종종 술자리에 나가야 한다. 이런 상황에서는 가급적인 빠른 시간에 그 장면에서 벗어나는 것이 가장 바람직하다.

### 상대가 기분 나쁘지 않게 술자리를 거절할 때

- 내키지 않는 약속은 확실하게 거절한다.
- 기분 나쁘지 않게 술자리를 거절할 때 사용하는 이유 7가지
    ① 본인의 건강 상태 이상
    ② 가족의 건강 상태 이상
    ③ 금전적인 문제(술값으로 지출할 수 없다)
    ④ 선약이 있다.
    ⑤ 배우자 때문에 빨리 들어가야 한다.

⑥ 집안 사정을 이유로 거절한다.

⑦ 집에 있어야 하는 이유를 말한다(택배, 우편 등).


술을 마시면 긴장을 푸는 데 도움이 되지만 대화가 샛길로 빠지거나 상황을 감당하지 못하게 될 수도 있다. 술을 마시면 평소보다 많은 얘기를 하게 되고 그러다 보면 나중에 후회할 말을 할 수도 있다. 술을 마시면서 기분 좋게 했던 얘기도 다음날 당황스럽고 불편할 수 있다. 또 상대가 하는 말을 제대로 이해하지 못하고 분위기로 상대의 말에 동의할 수도 있으므로 주의해야 한다.

난처한 질문을
피하는 방법

모임이나 술자리에서 나온 화제가 당신을 난처하게 하는 경우
가 있다. 예를 들어 '이혼한 이유가 뭔가요?' '아들은 무슨 죄로 교
도소에 갔어요?' '치질 수술한 적이 있어요?' 같은 화제다.

당신은 피하고 싶은 화제이지만 사람들은 의도적으로 질문하기
도 한다. 또한 누군가 뭔가를 물어도 당신이 대답하고 싶지 않을
때도 있고, 엉성하게 대답해서 상대한테 꼬투리를 잡히고 싶지 않
을 때도 있다. 이럴 때는 다음과 같은 방법으로 대응한다.

첫째는 상대의 질문에 아무런 대답을 하지 않아도 된다. 얼굴
표정을 찌푸리거나 눈썹을 찡그리거나 입술을 오므리거나 해서
싫어하는 내색을 보이면서 대답하지 않아도 된다. 하지만 상대가

진지하게 물었다면 "그 얘기는 안 했으면 좋겠는데" 또는 "그 얘기는 하고 싶지 않아"라고 대답한다. 당신이 말로 대답하기에는 불쾌하거나 위험하거나 불리하다면 침묵을 지키는 것도 권리라는 것을 기억해 둔다.

둘째는 역으로 상대한테 질문한다. 당신이 피하고 싶은 주제와 관련된 질문을 받았을 때는 오히려 상대한테 질문을 한다. 가령 "나한테 뭔가 하고 싶은 말이 있는 거 아니야?"라는 질문을 받았다고 하자. 그럴 때는 "당신이야말로 나한테 할 말이 있는 거 같은데?"라고 역으로 질문한다. 모임에서 "술 끊었어?"라는 질문을 받았을 때는 "술 얘기가 나와서 말인데 당신은 무슨 술을 좋아하세요?", "그러고 보니 요리를 잘한다고 들었는데 무슨 안주를 가장 잘 하세요?"라고 말한다. 이렇게 역질문함으로써 굳이 싫어하는 내색을 하지 않고도 대화의 흐름을 바꿀 수 있게 된다. 상대가 집요하게 물고 늘어지거나 탐색하고자 할 때도 역질문을 해서 'No'를 전달하는 방법이다. 이때 중요한 것은 차분한 목소리로 대화하는 것이다. 상대가 감정적으로 흥분해 언성을 높이면서 말할 때 자신도 같은 레벨로 응대하면 싸움이 되기 쉽다. 이런 상황에서는 어디까지나 차분한 목소리로 부드럽게 말하는 것이 포인트다.

셋째는 화제를 바꾼다. 당신을 곤란하게 하는 질문을 하거나 애기를 하면 화제를 바꾼다.

"매달 얼마나 저축하고 있어요?", "월급이 올랐겠네요? 얼마나 올랐어요?" 같이 지극히 개인적인 것을 질문받았을 때는 그대로 대답하기보다 화제를 바꿔서 대화한다.

가령 "매달 얼마나 저축하고 있어요?"라는 질문을 받았을 때는 "요즘처럼 경기가 안 좋은데 저축하면서 사는 사람들은 대단해요. 지난번에 저축왕이 된 연예인 ○○○ 있잖아요. 저축왕이 된 방송 봤는데 정말 열심히 살더라고요" 하고 화제를 바꾼다.

혹은 명절에 만난 친척들이 "아이를 빨리 낳아야지 아이 안 낳을 거야?" 하는 질문에 일반적인 감상을 얘기하면서 난처한 질문을 피하는 방법도 있다. "아이요? 아이가 있으면 훨씬 재미 있겠죠" 하는 정도로 대답한다. 이렇게 얘기해도 끈질기게 아이는 언제 낳을 거냐고 묻는다면 "○○○은 좋겠어요. 안정된 직장이라서 부러워요. ○○○처럼 안정된 직장이 있어야 안심하고 아이를 키울 수 있겠죠?" 하고 화제의 중심을 상대의 얘기로 바꾸는 방법도 있다.

당신의 기분을 생각하지 않고 대답하기 곤란한 얘기를 질문하는 사람한테는 분명하게 'No'라고 말하는 것이 스트레스를 받지 않는 방법이다. 당신을 괴롭히는 사람한테 솔직하게 얘기할 필요는 없다. 그냥 피하거나 적당하게 둘러대도 괜찮다. 당신이 말솜씨가 있다면 엉뚱한 얘기로 화제를 돌리거나 뛰어난 말솜씨로 그들을 멍하게 만들어 버리는 것도 좋은 방법이다.

당신이 좋은 사람이라는 것은 당신을 이용하려고 하는 친구나 친척의 관점에서 보면 "이용해 먹기 좋은 사람"이 되는 것이다. 이들은 자주 연락하지 않지만 신경 쓰고 있다는 것을 보여줄 정도로 연락을 하고 있다. 그리고 당신에게 무언가를 요구한다. 그들은 자신이 필요할 때만 연락하는 사람이라는 느낌을 주지 않는다.

가령 월요일에 전화해서 주말에 재미있게 보냈느냐고 물어 온다. 그리고 잠깐 대화를 나눈다. 그러다가 주말에 자동차를 빌려줄 수 있는지 묻는다. 그 다음에도 궁금해서 연락했다면서 주말에 당신 집에 가도 되느냐고 한다.

이들은 당신을 초대하거나 당신 일을 도와준다고 말하지 않는다. 분명히 자신들의 이익을 위해서 친구 행세를 한다. 이들한테 주는 것이 있으면 받는 것이 있다는 말은 통하지 않는다. 당신과 관계를 통해 자신들이 얻을 것만 생각한다. 당신은 그들이 당신을 이용하고 있다는 것을 알기까지 시간이 걸릴지 모른다.

당신이 이 사실을 알았다면 단도직입적으로 부탁을 거절하고 가까이 오지 못하게 한다.

"주말에 자동차를 빌릴 수 있을까" 하고 묻는다면 "안 돼, 빌려 줄 수 없어"라고 직접적으로 거절한다.

친구나 친척은 당신의 전문적인 서비스를 무료로 받아도 된다고 생각하는 사람들도 있다. 컴퓨터에 대한 서비스나 법적인 상담, 회계처리 등 약간의 일을 무보수로 하는 것은 그럴 수 있다고 하더라도 너무 자주 부탁한다면 한도를 정해 두도록 한다.

- 세금 신고서 작성을 도와달라고 할 때, 설명해 줄 수 있지만 신고 서류나 설명서 작성을 모두 도와 줄 시간은 안 된다.

- 여기 커피숍에서 바리스타 아르바이트를 시작했을 때는 시간이 많았고, 그 덕분에 경험을 쌓는 데 도움이 되었다. 요즘은 실력이 궤도에 올라서 일을 우선으로 하지 않으면 안 된다. 혹시 네가 계속 일해주기를 바란다면 적당한 보수를 지불해야 한다.

- 네가 논문을 썼다니 대단하다. 내가 영어로 번역해 줄게. 1페이지에 1만 원으로 해 줄게(혹은 일을 하면서 어느 정도 걸리는가를 전체를 보고 요금을 청구하면 좋다).

● 너도 알고 있듯이 요즘은 정말 바빠서 쉴 때는 업무에 대해서 생각하고 싶지 않아. 예약을 하고 나서 우리 사무실(또는 가게)에 와줘.

자신을 돋보이기 위해서 당신을 이용하는 사람들도 있다. 그들은 남들 앞에서 자신을 돋보이게 하기 위해 당신을 이용하려고 한다. 예를 들어 당신은 친한 친구로 생각하지 않았던 학창시절 동창이 당신과 같은 직장에 다니고 있다. 학창시절에 당신과 아주 친한 사이였다고 얘기하고 자신이 당신보다 한 수 위였다는 듯이 말하고 다닌다. 학창시절 동아리에서 자신이 당신보다 더 잘 나가고 인기 있었다고 얘기한다. 동창은 당신 친구이지만 당신이 훌륭한 사람은 아니라고 한다. 또한 당신의 약점을 계속 화제로 삼는 사람도 있다. 당신의 작은 키, 뚱뚱한 외모, 고쳐지지 않는 사투리 등을 화제로 하면서 "친구니까 이렇게 말하는 거야"라고 별거 아니라는 듯이 말한다.

사실 이들은 우정이라는 가면 뒤에 숨어 당신을 깎아 내리면서 자신을 돋보이게 만드는 사람에 불과하다. 이런 사람들이 당신을 이용하지 못하게 하고 당신이 생각하는 것을 당당하게 말한다.

이런 사람들한테 침묵하는 것은 이들의 행동을 인정하는 것이나 다름없다. 당신이 계속 침묵하고 있다면 그들은 계속 당신을 깎아 내리고 모욕감을 주는 말을 하고 다닌다. 따라서 다음과 같은 말을 해 그들의 행동을 거절한다.

- 네가 내 친구라고 생각했는데 무슨 친구가 그러니?

- 내가 싫어하는 얘기를 하는 의도가 뭐니?

- 네가 내 약점에 대해서 말하는 의도가 뭐니?

- 너는 나를 놀리는 재미로 사니?

- 너가 그렇게 나를 무시하는 말을 하면 너를 훌륭한 사람으로 볼 거라고 생각하니? 그런 말을 하지 말아줬으면 좋겠어.

이런 사람들이 부탁하면 거절하는 것도 중요하지만 사실 아예 상종하지 않는 것이 더욱 좋은 방법이다. 이런 사람들은 당신을 이용하려고 들고 당신한테 도움이 되지 않는다. 이들한테 분노하고 실망해서 감정을 낭비하고 시간을 낭비하게 될 뿐이다.

# 제5장

# 가까운 사람에게
# 'No'라고
# 말하는 기술

성적 의사소통의 목적은 당신이 바라는 대로 반응할 수 있는 능력과 선택권을 가지는 것이다. 많은 사람들이 적절한 성적 표현을 위해 잘 알고 다루어야 하는 기술이나 마음, 행동을 갖추지 못한 채 아무런 준비 없이 상대와 성행위를 한다. 그러나 대화를 하면서 그것을 실천하는 데 노력한다면 관계가 훨씬 만족스러워진다.

가족에게
'No'라고 말한다

　우리는 가족에게 무조건적인 봉사를 해야 한다고 생각하고 있다. 혈연관계라는 이유만으로 서로에 대한 기대치가 높고 서로가 요구하는 것을 들어주는 것을 당연하게 생각하고 있다. 그러므로 가족들의 요구를 거절하는 것은 훨씬 어렵다.

　당신도 가족의 요구는 들어줘야 한다는 의무감을 느끼고 있고 가족도 당신의 요구를 들어줘야 한다고 느끼고 있다. 당신은 이렇게 가족을 위해 봉사하면서 살아왔기 때문에 가족에게 'No'라고 말한다면 가족은 충격을 받을 수도 있다. 그래서 화내고 원망하고 때로는 폭발하기도 하고 심지어 몇 년간 말을 하지 않고 지내기도 할지 모른다. 이제 가족을 중요하게 생각하고 관계를 유지하기 위해서는 'No'라고 말하는 기술이 필요하다. 적절하게 경계선을 그으면 누군가를 원망하지 않고 폭발하지 않고 문제를 끝낼 수 있다.

예를 들어 여동생이 갑자기 찾아와서 당신 옷장을 뒤져서 새 옷을 빌려간다거나, 냉장고에 넣어둔 식재료를 가지고 간다거나, 당신이 아끼면서 먹고 있는 음식을 퍼간다고 하자. 당신은 가족의 행복을 중요시 여기고 있어서 여동생의 이런 행동을 제지하지 않는다. 당신은 가족을 위해서는 봉사해야 한다는 강박관념을 가지고 있기 때문이다.

그들은 당신이 내온 음식을 먹고 당신이 청소한 방을 어지럽히고 더욱이 고맙다는 말도 하지 않는다. 이런 일이 잦아지면 당신은 부담을 느끼고 짜증이 난다. 혹시 당신이 이런 일로 화가 났다면 싸움으로 발전할 가능성이 있다.

일상생활에서 느끼는 사소한 일에 적절하게 대처한다면 짜증을 내지 않고 인간관계는 순조롭게 된다. 이상적인 관계를 말하자면 가족은 정말 편해서 당신의 본래 모습을 보여 줄 수 있어야 한다. 가령, 결과가 어떻게 되든지 "오늘은 상당히 피곤해서 안 돼"하거나, "오늘은 내 상태가 안 좋으니까 집에 오지 마" 등과 같은 말을 할 수 있어야 한다.

하지만 실제로 이런 말을 하면 분위기가 험악해진다. 가까운 관계이지만 'No'라고 말하지 못하게 한다.

또한 가족 관계는 그 자체로 힘을 발휘하고 있다. 자신들의 생각대로 행동해 주지 않으면 애정표현을 해 주지 않고 인정해 주지 않겠다는 압력을 넣어 당신을 조정한다. 그 결과 당신은 그들한테 얻고 싶은 애정이나 인정을 받기 위해 거절의 말을 하지 못하고 있다는 것을 알아야 한다. 상대의 맘에 들도록 불필요한 노력을 하고 있다는 것을 깨달을 필요가 있다.

당신이 혼자서 뭔가를 정하면 그들은 화를 내거나 무시하면서 당신한테 압력을 행사하고 있다. 자신들의 마음을 헤아리고 나서 당신이 행동하도록 하고 있고, 그들한테 미움받거나 야단맞는 것을 두려워하도록 하고 있다. 당신은 심리적 충격을 받지 않기 위해 그들이 부탁하는 것은 뭐든지 들어주고 있고 그들이 원하는 대로 행동하게 된다.

박정은(40)은 자신의 오빠에게 지금까지 'No'라고 말한 적이 없다. 오빠는 어렸을 때부터 지금까지 정은의 취미나 관심거리를 비웃어 왔다. 정은은 "나는 어렸을 때부터 내가 결정하지 못했다. 내가 뭔가를 결정하면 오빠는 항상 불평했고, 조롱하는 말을 하면서 나를 무시했다. 마치 내가 하고 싶은 것은 뭐든지 어리석은 짓이라고 했다. 어른이 되기까지 계속 그런 식이어서 나는 진짜 그렇게 믿었다."

간혹 자신한테 상처 주는 가족에게 대항하기 위해 기를 쓰는 사람도 있을 것이다. 심각한 학대나 정서적으로 무시당해도 참아온 사람도 있다. 또한 자신이 사랑하는 사람을 의심하는 눈으로 째려보는 경우도 있을지 모른다. 이런 경우 자신이 어떻게 하고 싶은가? 무엇부터 시작하면 좋은가를 생각해서 판단한다.

가족을 위해 가능한 것은 해줘야 하지만 한편으로 그들한테서 자신을 지킬 필요도 있다. 가족이나 친한 친구들은 당신이 가장 무방비일 때 들어와서 상처받은 곳을 공격하는 방법도 잘 알고 있다. 당신의 자존심을 꺾어 버리고 기운을 없애고 생활을 어지럽게 해 머리를 복잡하게 만들 때도 있다. 그러므로 가족들과의 관계에서 경계선을 구분지어야 한다.

당신이 상대에게 쏟는 정성만큼 자신을 돌보고 재충전할 시간을 가져야 한다. 그렇지 않으면 짜증과 피로감으로 정신적 육체적인 면역력이 떨어지게 된다.

두 아이의 엄마인 이미경(38)은 시간에 쫓기고 있다. 직장에 다니다가 둘째를 임신한 후부터 아이들의 양육에 전념하기로 해서 직장을 그만두고 지금은 아이 둘을 키우고 있다. 남편은 구조조정으로 직장을 그만 두고 자영업으로 편의점을 하고 있다. 미경은 아이들을 키우면서 남편의 편의점도 돌봐주고 있다. 그래서 생활은 바쁘게 돌아가고 있었고, 항상 시간에 쫓기면서 살고 있지만 일을 줄이는 방법을 몰랐다.

아침에 일어나 큰 아이를 어린이집에 맡기고 나서 편의점에 가서 남편과 교대한다. 또 동네 자원봉사 단체에도 나가서 틈틈이 자원봉사 활동에 참가하고 있다. 봉사활동의 지원업무나 행사 등 각종 일을 미경한테 부탁했고, 미경도 거절하지 않고 모두 들어줬다.

남편도 편의점 회계처리 업무를 미경한테 맡기고 있다. 미경은 직장에 다닐 때보다 일이 많아졌고 그 일들을 다 하고 있다는 사실을 알았다. 하루가 끝날 무렵이면 팔다리가 쑤시고 허리 통증도 느꼈고 무엇보다 짜증을 부리고 신경질도 늘었다는 것을 깨달았다. 그동안 그녀는 자신이 거절하지 않고 모두 들어줘야 사람들하고 원만하게 잘 지낼 수 있다고 생각한 것이다.

하지만 더 이상 한계가 온 것 같다는 생각이 들었다. 미경은 이런 피곤한 생활을 정리하기 위해 중요한 일들에 우선순위를 매기기로 했다.


① 자신한테 가장 중요한 일이 무엇인지?
② 적극적으로 참여해야 할 일은 어떤 일인가?
③ 수동적으로 해도 되는 일은 어떤 일인가?


이렇게 세 단계로 나눠서 시간을 배분해 보았다. 1순위는 운동하러 가는 시간이고 2순위는 재테크 강의 시간, 3순위는 자원봉사

활동으로 나눴다. 또한 정리 관련 서적을 사다 읽고 남편과 아이한테 자신이 달라질 것이라고 말했다. 그러고 난 다음 남편의 부탁을 거절하기 시작했다. 평상시에는 남편이 급하다고 하면 모두 들어줬지만 이제는 'No'라고 말했다.

물론 미경의 이런 태도에 처음에는 반발하고 부작용도 있었지만 주위 사람들은 이런 변화에 익숙해져 갔다. 그리고 가족들을 위한다는 명분으로 지나치게 아등바등하지 않기로 하고 마음의 여유를 갖고 살기로 했다. 미경은 시간적인 여유를 찾을 수 있었고 보다 더 행복해졌다.


가족들의 부탁을 들어주려고 하다가 피곤해서 짜증내고 신경질 내는 것은 어리석은 행동이다. 결국 자신의 기본적인 욕구조차도 충족하지 못한 사람이 된다. 자신을 짜증나게 하는 일들로 부터 자신을 지킬 수 있도록 한다. 그리고 자신의 문제를 스스로 해결함으로써 어려운 인간관계를 극복해 낼 수 있는 힘을 기른다.

자식으로서 부모의 부탁을 거절하는 것은 쉽지 않고 거절에는 죄책감을 느낀다. 자식은 부모가 자식을 위해 헌신해 준 덕분에 이렇게 어른이 될 수 있었다. 부모는 당신이 아이였을 때 원하는 것을 모두 들어줬다. 심지어 어른이 되었어도 그렇게 하고 있다. 이런 이유로 인해 부모한테 거절하지 못하는 경우가 많다.

그렇다면 부모의 부탁은 어떻게 거절해야 현명한 방식이 될까?

우선 거절할 때 부모를 사랑한다는 사실과 부모에게 당신이 필요하면 언제든지 힘이 되어 주겠다는 사실을 말한다.

그리고 거절에 대해 죄책감을 느끼지 않고 거절하는 다음의 방법들을 참고로 생각해 보자.

① 부모를 소홀하게 대하지 않도록 한다. 부모의 부탁을 들어줄 수 없을 이유가 있을 때는 훨씬 쉽게 거절할 수 있고 거절당한 부모도 상처받지 않는다.

② 간결하게 말하고 부탁을 들어 줄 수 없을 때는 다른 방법을 찾는다. 부모가 연로할수록 자식에 대한 의존도는 높다. 혼자가 아니라 다른 형제가 있다면 형제들끼리 분담한다. 당신이 유일한 자식이라면 당신의 도움을 바라는 요구가 많아진다. 당신이 시간을 낼 수 있는 다른 날 부탁을 들어주고 부모를 도울 수 있는 다른 사람을 소개해 주는 대안을 제시한다.

③ 부모가 당신을 아이 취급하지 않게 한다. 어떤 부모는 자식이 결혼해서 분가해도 간섭하고 통제하는 부모도 있다. 자녀들이 각자 인생이 있음에도 부모가 최우선이 되어야 한다고 생각하는 부모도 있다. 이런 부모한테는 단호하게 거절한다. 그리고 부모는 당신한테 중요한 사람이지만, 당신은 책임을 맡고 있는 성인이라

는 사실을 말해 준다. 처음에는 부모와 감정이 상할 수도 있지만 결과적으로 당신이 부모를 사랑하지 않는 것이 아니라, 부모가 당신을 품안의 자식으로 생각하고 있다는 것을 알게 한다.

④ 월권행위를 하지 않도록 한다. 성인이 된 당신의 행동을 허락한다거나 간섭하고 있다면 월권행위가 된다. 부모가 자식들의 아이를 갖는 시기나 자식부부의 결정에 개입하려고 한다면 갈등이 생긴다. 또한 손주들의 양육 방법에 대해 자신의 기준을 강요하는 부모는 자식의 가정에 걸림돌이 된다. 자식에 대한 애착에서 나온 문제라 말하는 것이 쉽지는 않지만, 부모한테 솔직하게 말하는 것이 당신이 배우자와 신뢰관계를 형성하는 데 도움이 된다. 당신이 부모에게 느낀 감정을 솔직하게 말할 수 있을 때 부모와 더 깊고 바람직한 관계를 맺을 수 있다.

부부 간에
'No'라고
말하는 기술

부부관계는 의견 충돌이 많다. 부부는 상하관계가 아니라 평등한 관계이기 때문에 권력 남용의 문제가 아니라 배려와 이해를 하고 있느냐 아니냐의 문제다.

부부관계에서 의견이 다를 때, 서로 싸우기 싫어서 그 문제를 피하지 않아야 한다. 당신이 배우자의 특정 행동을 계속 참고 내버려 두면 사실상 암묵적으로 그 행동을 인정하는 것과 마찬가지다. 갈등 상황이나 불만을 참지 말고 얘기를 하는 것이 행복한 관계를 만드는 방법이다. 상대에 대해 불만이 있는데도 말하지 않고 내버려두게 되면 분노와 실망감 뿐만 아니라 두 사람의 관계도 불만을 느끼게 되기 때문이다.

현우(36)와 민주(35)는 결혼 4년차 부부다. 현우는 퇴근 후 친구들과 야구 경기를 관람하며 노는 것을 좋아했다. 1주일에 두세 번은 친구들과 어울리고 나서 늦게 들어왔다. 민주는 처음에는 대수롭지 않게 생각했지만 자주 늦게 귀가해서 화가 났다. 민주는 남편한테 이 문제로 부부싸움을 하고 싶지 않아 남편이 알아서 일찍 들어와 주기를 기대하고 있었다. 그러다 결국 남편한테 감정을 드러냈다. 자신이 참고 직접 말하지 않은 것이 이런 상황을 용인하는 것이라는 사실을 알았기 때문이다.

그럼 민주는 남편한테 이 얘기를 어떻게 말하는 것이 좋은가? 이런 경우는 언제 어떻게 말하는가가 중요하다. 민주는 남편한테 늦게 들어왔다고 따지거나 아니면 낮에 전화로 "오늘 밤에도 늦게 들어 올 거야?" 하고 남편의 잘못을 지적하는 투로 말해서는 안 된다. 자신은 남편과 맛있는 음식을 먹고 행복한 시간을 보내고 싶다고 원하는 것을 긍정적으로 말한다.

이런 경우는 배우자의 잘못된 점을 지적하지 않으면서 자신이 원하는 대로 배우자의 행동을 변화시키는 방법을 사용한다.

또한 부부의 공동체 의식을 높이고자 한다면 대화를 할 때 '우리'라는 말을 자주 사용한다. 우리라는 말은 상대한테 긍정적인 기분을 주고 분위기도 고양시키는 역할을 한다. 우리라는 말을 사용함으로써 주인의식을 느끼고 문제의 당사자가 되는 효과도 있다.

"우리는 자동차를 사야 한다"와 "나는 자동차를 사야 한다"는 말은 다르다.

배우자가 "우리는 지금 자동차를 살 수 없어"라고 하는 말과 "당신이 자동차를 사는 건 반대야"는 말은 완전히 다른 의미가 된다. 나, 너 대신 우리라는 말을 사용할 때 전달하는 메시지가 부드러워지고 대화할 때 공동체 의식을 느낄 수 있게 한다.


많은 사람들이 부부는 일심동체라고 생각해 어디든지 함께 해야 한다고 생각하고 있다. 부부라고 해서 항상 함께 있어야 한다고 정해진 것은 아니다. 서로 다른 지역에서 일하다가 주말에만 만나는 부부도 있고, 아이들 교육 문제 때문에 부부가 서로 떨어져 지내는 '기러기 아빠'라는 신조어까지 만들어질 정도로 부부가 떨어져 사는 사례는 얼마든지 많다.

건우(40)는 결혼생활이 6년째다. 아내 영신(38)은 주말이면 항상 시부모집을 방문했다. 아내로서 당연한 것이라고 생각하고 있고, 시부모는 며느리의 방문을 기다리고 있었다. 그러나 영신은 시어머니와 사소한 일로 자주 부딪쳤다.

영신은 남편한테 "시어머니 말을 듣고 있자면 정말 대단한 인내가 필요해. 항상 이것저것 간섭하는 게 너무 많아. 나도 그냥 넘어가고 싶지만 기분이 안 좋을 때는 그냥 넘기지 못하겠어"라고 했다.

영신은 시어머니가 똑같은 말을 되풀이 하는 게 싫고, 그런 말을 들으면서 귀중한 시간을 쓰고 싶지 않다고 생각하고 있었다. 그래서 영신은 시어머니에 대한 감정을 남편한테 털어 놨다. 남편은 정말 곤혹스런 표정이었다. 두 사람이 사이좋게 지내기를 바랐다. 하지만 현실은 그렇게 되지 않았다.

결국 영신은 이 상황을 개선해야 한다고 생각했다. 남편과 함께 시어머니집에 가지 않기로 했다. 남편한테 'No'라고 말했다.

영신은 시어머니에게 전화로 "저는 안 가요"라고 말했고, 시어머니는 이유를 꼬치꼬치 캐물었다. "왜 안 오는 거니?" "그냥 가지 않아요"라는 대답을 반복했다.

시어머니는 이 말을 믿지 않았다. 몸이 아프다거나 일이 바쁘다거나 하는 식으로 말하길 바랐다. 하지만 영신은 거짓말로 변명을 하고 싶지 않았다.

처음에는 이 문제 때문에 남편과 여러 번 언쟁을 했다. 정당한 이유도 없이 가지 않겠다고 말하는 사람이 시댁에서는 지금까지 없었던 일이었다. 하지만 시간이 지남에 따라 시어머니도 어쩔 수 없이 받아들이게 되었다. 시어머니는 지금도 이것저것 간섭하고 있지만, 예전처럼 심하게 간섭하지 않았다. 오히려 전반적으로 좋아졌다. 영신은 시어머니한테 억지로 시댁에 오지 않아도 된다는 말을 들었고 전보다 더 행복해졌다. 이런 과정을 경험하면서 시어머니도 선을 그어야 할 경계선이 있다는 것을 생각했다. 영신은 확실하게 'No'라고 말함으로써 결혼 생활의 스트레스를 줄일 수 있었다.

시어머니의 간섭은 부부 간의 문제로 번졌고, 이런 원인으로 부부 싸움을 자주했다. 남편은 아내를 시댁에 데리고 가려고 스트레스를 받았고, 그 스트레스가 아내 때문이라고 생각했다. 게다가 아내가 'No'라고 말한 탓으로 어머니가 상처받았다고 생각하고 있었다.

남편은 시간이 지나면서 이 문제가 자신과 아내의 문제가 아니라, 아내와 어머니의 문제라는 것을 알게 되었다. 즉 아내는 남편을 위해 희생해야 한다고 생각하지 않았다. 건우는 아내와 어머니 관계에서 아내가 'No'라고 한 말에 자신이 죄책감을 느끼지 않기로 했다. 이 문제는 아내와 어머니와의 관계에서 일어난 문제이므로 아내가 해결해야 한다는 것을 알았다. 그러고 나서 아내와 관계가 좋아졌다.

지금은 남편하고 딸하고만 시부모집을 방문한다. 그들은 재미있게 대화를 나누고 영신은 혼자 자유 시간을 보내고 있다. 때로는 'No'라고 말하는 것이 보다 좋은 상태로 된다는 것을 알게 되었다.

또한 시어머니와 경계선을 그은 덕분에 오히려 시어머니와 인간관계가 좋아졌다. "싫은 기분을 억누르면서 자신을 속이고 계속 시댁에 갔다면 오히려 상황은 더욱 안 좋은 쪽으로 갔을 것이다.

하지만 지금은 다른 관점으로 볼 수 있게 돼서 남편에 대한 욕구 불만이나 스트레스에서 벗어날 수 있고, 전보다 훨씬 좋아졌다."

영신은 자신이 원하는 행동을 하면서 남편과 부부관계를 지켜 냈다. 결국 시간이 지나서 며느리가 오지 않는 것에 시어머니가 익숙해지고 나서 문제는 수습되었다.

배우자가 당신을 가고 싶지 않은 곳에 억지로 데리고 가거나 하고 싶지 않은 것을 하게 한다면 결국은 따랐다고 하더라고 두 사람은 재미있게 지낼 수 없을 것이다. 두 사람이 모두 즐겁게 지내는 방법은 각자 좋아하는 것을 하는 것이다.

커플이 서로를 위해 희생을 해야 된다거나 가능하다면 타협해야 한다는 의미가 아니다. 커플은 함께 있어야 한다는 속박에서 벗어나는 경우가 더 좋을 수도 있다. 서로가 재미있는 시간을 보내기 위해 다음 대화를 참고로 하기 바란다.

- 지난번에 새로운 텔레비전을 잘 선택했어. 내가 전자제품판매점에 가도 뭐가 뭔지 도통 모르는 거 알지? 당신 보는 눈이 정확하니까 당신이 가서 사와.
- 학창 시절 친구들에 모임에 가는 거야? 좋겠네. 난 집에 있을 테니까 친구들 만나서 재미있게 놀다와.
- 남자 아이들과 시합을 하면 재미있을 거야. 하지만 나는 가고 싶지

않아. 난 나를 위해 시간을 보내고 싶어.

● 나는 올해 퇴직했으니까 아이들 보고 있을게. 당신은 가서 놀다
  가 와.

한편 당신이 외출해야 하는 입장이라서 파트너와 함께 가고 싶
지 않은 경우도 있다. 이런 경우에는 이미 사전에 'No'라고 말하
는 것이 좋다.

● 주말은 함께 지내고 싶지만 혼자서 가게 돼서 좀 미안하네. 하지만
  옛날 친구들이 자주 모일 수 없으니까 갔다 올게.

부모는 아이를 사랑한다는 이유로 아이가 요구하는 것은 뭐든지 들어주려고 한다. 아이가 요구하는 것을 무조건 들어주면 아이는 철이 없고 자기 멋대로 행동하려고 한다. 반면에 아이의 요구를 모두 들어주지 않으면 아이는 화를 내고 반항적인 아이가 되기 쉽다. 그래서 어떻게 아이의 부탁을 거절할지는 중요한 문제다.

아이에게 독립심과 자립심을 가르치기 위해서 때로는 거절하는 경우도 필요하다. 아이의 말을 거절한다고 해서 모든 일을 혼자서 하라고 하는 것이 아니라, 자신의 힘으로 하는 법을 가르치기 위해 아이들의 요구를 거절할 필요가 있다. 뭔가를 사달고 할 때 무조건 안 된다고 하는 것보다 거절하는 이유를 정확히 설명해 주는 것이 좋다.

아이들은 부모한테 비싼 물건을 사달라고 하거나 비싼 비용이 들어가는 해외여행을 가고 싶다고 조르는 경우가 있다. 이때 부모들은 "그건 안 돼. 해주고 싶지만 우린 돈이 없어"라고 한다. 물론 부모가 아이한테 돈 문제를 어느 정도 자세하게 말할지는 그 부모가 결정할 문제다. 하지만 이유를 알려줘서 현실을 이해할 수 있게 한다.

돈이 없어서 원하는 것을 사지 못하고 가고 싶은 곳을 가지 못하는 것이 현실이란 것을 아이한테 가르치는 것이다. 아이는 자신이 원하는 것을 얻기 위해 어떻게 하면 절약해서 돈을 모을 수 있는지 계획을 세울 수도 있다. 아이는 아버지 차를 세차하고 나서 대가로 받은 용돈을 모을 수도 있고, 방학에는 아르바이트를 할 수도 있다. 이렇게 해서 아이는 느끼고 배우게 된다. 부모가 'No'라고 하는 것은 직접 체험해서 확인할 필요가 있다. 그리고 자신이 원하는 것을 어떻게 하면 얻을 수 있는지 신중하게 생각해 볼 것이다.

미주(36)는 8살 된 아들이 자전거를 타고 초등학교 운동장에 가겠다고 했다. 미주는 안 된다고 제지했다. "안 돼. 아파트 단지에서 횡단보도를 건너야 하는 것이 얼마나 위험한데. 네가 횡단보도 건널 때 사고 당할까 봐 마음이 불안해서 안 돼. 네가 혼자서도 자전거를 탈 정도로 크고 나면 가라. 지금은 엄마나 아빠가 너하고 같이 있을 때만 운동장에 가기로 하자." 이렇게 말해도 아들은 아직 어려서 이해하지 못한다. 하지만 위험이 따르는 일을 하고자 하는 경우에는 아들이 이해하지 못해도 엄격하게 안 된다고 말해야 한다.

또한 거절하는 이유를 설명하는 것은 아이하고 관계에서 나쁜 감정이 생기지 않게 하는 방법이다. 아이들도 안 된다는 이유를 정확히 들었을 때 상황을 더 잘 이해하고 부모의 결정을 더 잘 받아들일 가능성이 높다.

특히 아이들에게 'No'라고 말할 때는 그 이유를 정확하게 설명해 주는 것이 중요하다. 아이들 입장에서 부모는 권위가 있는 사람이다. 부모가 안 된다고 일방적으로 말하는 것은 권위적인 교육이 되는 것이다.

**아이** 엄마, 게임 해도 되나요?
**엄마** 안 돼.
**아이** 왜 안 돼요?
**엄마** 안 된다면 안 되는 줄 알아!

이처럼 이유를 설명하지 않으면 아이에게 엄마의 말은 단지 부모로서 힘의 우위를 이용하는 말로써 들린다. 아이는 빨리 커서 어떤 잔소리도 듣고 싶지 않다고 생각하게 된다.

아이들이 조르거나 울어서 원하는 것을 얻어낼 가능성이 있어서도 안 된다. 장난감 가게에서 아이들이 집요하게 부모를 조르거나 떼쓰는 장면을 자주 보았을 것이다.

**아이** 이 거 사줘. 이 거 가질래.

**엄마** 안 돼. 너 장난감 많이 있잖아.

**아이** 아니야. 이 베이 블레이드(팽이)는 없단 말이야. 이 거 갖고 싶어.

**엄마** 이 거는 안 돼.

**아이** 이 거 갖고 친구들이랑 같이 대회에 나가야 한단 말이야.

**엄마** 알았어. 다음에도 사 달라고 하면 안 된다.

**아이** 응.

아이는 조용해진다. 아이는 새로 생긴 장난감을 보면서 전에도 경험했던 했듯이 엄마가 안 된다고 해도 내가 졸라대면 또 사 줄 거야라고 생각한다. 아이의 부탁을 한 번 거절했다면 일관되게 거절해야 한다. 어떤 때는 들어주고 어떤 때는 들어주지 않으면 아이들은 부모의 눈치를 보면서 자신이 원하는 대로 상황을 유도한다. 부모가 일관성을 유지할 때 아이가 떼써서 원하는 것을 얻으려는 나쁜 습관을 만들지 않아야 한다.

다음과 같은 아이들이 반항하지 않게 대화하는 11가지 사항을 기억해 둔다.

### ① 어떤 것이라도 일관성 있는 태도를 취한다

앞의 사례에서 보듯이 아이가 졸라댄다고 들어줘서는 안 된다.

### ② 책임을 지게 한다

해서는 안 되는 행동을 하면 책임지게 하는 방법으로 벌을 준다. 벽을 보게 하거나 텔레비전 시청을 금지하거나, 좋아하는 장난감을 빼앗거나, 게임 금지 등의 방법이 있다.

### ③ 자신의 일을 정리하게 한다

잘못한 일에 대해 얘기하기 전에 아이가 텔레비전을 끄거나 컴퓨터 게임을 하지 못하게 하고, 자신이 하던 일을 스스로 치우고 정리하도록 한다.

### ④ 말대답하지 않게 한다

아이에게 말을 걸 때, 자신의 목소리에 주의한다. 자신감 있는 목소리로 말하되, 아이가 말대답하지 않도록 한다. 가령 "밥 안 먹을 거야?"하는 말을 하지 않도록 한다. 이렇게 말하면 싸움을 거는 것처럼 들리게 된다. "밥 먹어라"하고 말한다.

### ⑤ 나이에 따라 알맞게 설명한다

부모는 아이들 나이에 따라 적절하게 설명하지만, 장황한 얘기가 되지 않도록 어디까지나 간단하게 말한다.

### ⑥ 하고 싶은 말을 반복해서 말한다

아이들이 시끄럽게 해도 기본적으로 같은 말을 몇 번인가 반복한다. 그렇게 함으로써 떼쓰거나, 더 이상 물고 늘어져서는 안 된다는 것을 알게 한다.

### ⑦ 일단 상대의 기분을 인정한다

육아 전문가의 말에 따르면 아이들이 흥분해서 손 쓸 수 없게 됐다면 부모는 적극적으로 아이의 마음을 인정하거나 부모가 아이의 말에 귀를 기울이고 이해하도록 해야 한다고 했다. 누구든지 자신의 존재를 중요하다고 느끼고 있다. 상대의 기분을 인정하는 것도 또한 'No'라고 하는 프로세스의 일부이다.

### ⑧ 비웃는 말을 해서는 안 된다

'No'라고 말하는 것은 아이의 나쁜 행동을 지적하기 위한 것이다. 아이를 괴롭히거나 화나게 하는 것이 목적이 아니다. 아이들이 물건을 사달라고 떼쓸 때 자존심에 상처를 주거나 비웃거나 해서는 안 된다. 'No'를 말하는 것은 어디까지 바람직하지 않은 행동이고, 아이 그 자체가 아니다. 예를 들어 "오늘 케이크를 다 먹으면 안 돼. 나머지는 내일 먹어" 하고 음식을 제한해도 아이들은 듣지 않는다. 또는 "또 먹는 거야? 그렇게 먹으면 돼지야"라고 말하는 것은 아이에게 모욕감을 주는 말이다.

### ⑨ 부모가 같은 얘기를 한다

어머니는 'No'라고 말하고 아버지가 'Yes'라고 말하면 아무 것도 안 된다. 아이들이 헷갈리지 않도록 같은 말을 해야 한다.

### ⑩ 긍정적인 말로 협력을 한다

'No'라고 말할 때 아직 일어나지 않은 문제를 아이 탓으로 말해서는 안 된다. 예를 들어, 10분 후에 외출해야 하는데 "너 때문에 언제나 늦었다. 이번에는 꾸물대지 말고 빨리 해"라고 해서는 안 된다. 대신에 "언니가 되면 운동화 신는 것은 아무 일도 아니란다. 혼자서 잘 신을 수 있지?" 하고 긍정적인 말로 얘기한다.

### ⑪ 모범을 보인다

말하기는 쉬워도 행동은 어렵다. 부모가 아이 앞에서 담배를 끊겠다고 선언했던 것을 실행하거나 남에 대해 험담하는 말을 하지 않아야 한다. 당신이 누군가를 험담하거나 비웃는 말을 할 때는 아이들이 그것을 듣고 있다는 것을 기억해야 한다. 그렇다고 해서 화를 참거나 감정을 억누르라는 말이 아니다. 당신이 아이에게 이렇게 하길 바라는 목표로 행동의 역할모델이 되도록 하라는 것이다. 아이는 부모의 행동을 보고 배우므로 부모가 'No'라고 할 나쁜 행동을 하지 않는다.

불성실한 친구한테
'No'라고 한다

우리는 확실하지 않는 'Yes'보다 명쾌한 'No'를 말하는 것이 좋다고 생각하고 있다. 친구들과 만날 약속을 했는데 당일이 돼서 다음과 같은 일이 일어난 경험은 없는가?

- 약속 시간이 가까워 전화를 하고는 "오늘 약속은 지키지 못해"라고 한다.
- 약속 시간에 늦게 왔음에도 빨리 가야 한다고 말한다.
- 아무 준비도 하지 않고 나타난다. 예를 들어 기본적인 물건이나 돈조차 가지고 오지 않았다.
- 계속 시간을 보거나 음식점의 요리나 서비스에 대해 불평을 말한다.

● 약속을 잊어버리고 나타나지 않는다.

처음부터 'No'라고 말했다면 이렇게 화가 나지 않았을 텐데라고 생각할지 모른다.

또한 무언가 자신이 필요할 때만 연락하는 친구가 있다. 엄격히 말하면 친한 친구라기보다 서로 알고 지내는 사람들이다. 이들은 당신이 실업자가 됐을 때도 위로하기보다 당신이 밥값을 낼 수 없다는 사실에 대해 실망한다. 더구나 당신 할아버지가 돌아가셨을 때도 안부 전화도 하지 않는 사람들이다. 하지만 이들은 휴가 갈 때 주차료를 아끼기 위해 당신한테 공항까지 태워달라고 부탁하고 당신 소유의 주말 콘도를 사용하고 싶다고 요구한다.

이런 친구들은 무례하다. 자신이 필요할 때만 연락하면서도 왜 당신이 황당하게 생각하는지 이해하지 못한다. 당신은 이들의 감정을 상하지 않게 하고 거절하려고 매우 조심하지만 이들은 당신의 감정에 아무 관심이 없다.

"안 돼, 주말에 오지 마"라고 하거나 "공항에 태워다 줄 수 없어"라고 단호하게 말하는 것만으로도 충분하다.

또 만나면 자기 얘기만 하는 친구들도 있다. 이들은 자신의 생활, 자기가 이룬 실적, 자기 아이들 자랑만 하고 당신의 안부는 관심도 없다. 이런 사람들에게 행동을 중단할 것을 요구하지 않으면 상대는 계속하던 대로 하게 된다. 당신 스스로 무언의 승인을 하는 것이다.

자신이 내키지 않은 행동이라도 습관적으로 승낙하는 사람들도 있다. 이들은 그렇게 하는 것이 좋은 것이라고 생각하고 있다. 이것은 겉으로 보면 협력하는 사람처럼 보이지만, 그들은 진짜 감정을 드러내지 않는다. 일부러 그런 행동을 하는지 어떤지 몰라도 약속을 잊어버리거나 자신이 한 말을 기억하지 못한다.

혹은 이런 사람들은 직접 말로 하지 않고 어떤 신호를 보내서 당신한테 벌을 준다. 상대는 겉으로는 이쪽의 부탁을 들어주지만, 진심으로 좋아서 하는 일이 아니라는 것을 어떻게 해서든지 알려주려고 한다. 이렇게 수동적인 방법으로 표현하는 공격적인 행동을 보고 있을 때 당신은 정말 화가 난다. 하지만 'No'라고 말하면 이런 행동에 시간과 에너지를 뺏기지 않고 끝낼 수 있을 것이다.

우리는 가족이나 친구같은 중요한 사람들에게 자주 많은 것을 요구하고 있다. 이것을 당연하게 생각하고 있다. 그러나 때로는 자신의 요구를 줄이는 것이 우리가 할 수 있는 최선의 방법인 경우도 있다. 자신의 요구를 포기하는 것이 어느 정도 기분 좋은가를 알면 놀랄 것이다.

최근에 귀농하는 사람들이 많아지고 있다. 재호(46)는 귀농을 생각해 두고 귀농동호회에 회원이 되었다. 시골에서 살고 있는 사람들이 재호에게 주말에 함께 고기 구워 먹고 놀자고 초대를 했다. 한 달 정도 시간이 남았지만 그 모임을 기대하고 있었다. 하지만 아내는 주말 모임 날짜가 가까워지면서 가고 싶지 않다고 했다.

모임에 가도 아는 사람도 없고 집에서 쉬고 싶다는 것이 아내의 이유였다. 재호는 실망하고 화가 나서 어떻게 하든지 아내의 기분을 바꾸려고 했다. 위로의 말도 하고 달래기도 하면서 압력을 주었다. 그러나 이렇게 하면 할수록 두 사람 사이는 험악하게 될 뿐이었다. 재호가 강하게 누르면 누를수록 아내는 저항해 두 사람은 험악한 분위기가 되었다.

마침내 재호는 문득 깨달았다. 아내는 'No'라고 말할 권리가 있다. 그녀가 가고 싶지 않다고 생각하는 것도 무리가 아니었다. 또한 반드시 아내가 함께 가지 않아도 자신은 주말을 재미있게 즐길 수 있다는 것을 알게 되었다. '그래! 혼자 가면 된다.'

일단 그것을 깨닫고 나서 그는 아내한테 강요하지 않았다. 그리고 아내에게 원망하는 마음이 아니라 마음에서 우러나서 말했다. "당신은 집에 있어도 돼!" 그렇게 말하고 나서 정말 자유스러워졌다는 것을 느꼈다.

혼자서 외출하려고 준비하는 재호를 보고 아내가 자신도 가고 싶다고 말했다. 그리고 아내도 재미있는 주말을 보낼 수 있었다.

강하게 집착했던 무언가를 포기하면 이것이 바라는 대로 되는 경우가 있다. 아내의 마음을 바꿔보려고 기를 쓰지 않게 되었다. 즉 아내가 말한 'No'를 받아들임으로 해서 인간관계의 마법을 성공시켰다. 자신이 주말을 즐겁게 보내는가 어떤가는 아내한테 달렸다는 생각에서 벗어났다. 아내가 원하지 않는 요구에 따라야 하는 스트레스를 받지 않도록 했다. 그리고 그 과정에서 자신이 원하는 것을 얻었다.

자신이 말하는 'No'와 마찬가지로 상대의 'No'를 받아들이면 반드시 재호와 같은 행운을 맛 볼 수 있다고 약속할 수는 없다. 그러나 장기적으로 보면 반드시 보답 받을 것이다.

상대에게 관대하게 되면 상대도 당신에게 관대하게 될 것이다. 두 사람의 사이에 타당한 경계선을 긋는 권리, 즉 상대가 'No'라고 말할 권리를 당신도 존중하고 있다는 것을 보이면 당신은 훌륭한 모범을 나타내는 것이고, 이번에는 상대가 배려할 것이다.

친구가 당신의 부탁을 들어 줄 수 없을 때 그것을 이해할 수 있는 신뢰감을 쌓는 것이 친구 관계에서는 필요하다. 당신이 부탁을 거절한 상황에서 당신이 부탁을 들어줄 수 없는 이유가 있을 거라는 걸 이해할 만큼 당신에 대해 잘 알고 있다면 계속 친구로 남을 것이다. 어떤 친구는 당신이 부담을 가질까봐 거절 이유를 물어보지 않는다.

진정한 친구라면 걱정하는 마음과 함께 당신이 과중한 업무에 시달리고 있는 건 아닐까 하고 걱정할 것이다. 당신을 도와주려고 애쓸 것이다. 따라서 친구의 부탁을 억지로 들어주려고 했다가 나중에 후회하기보다 처음부터 부탁을 들어줄 수 없는 이유를 솔직하게 말해주는 것이 도움이 된다.

진정한 친구 사이에서는 필요할 때 서로 도와주기 위해 무슨 일이나 해주겠다는 암묵적인 교감이 흐른다. 또한 서로가 아무리 많이 돕고 싶어도 그럴 수 없는 때가 분명히 있다는 사실을 서로 이해한다.

당사자가 이해해 주면 모두에게 이득이 된다. 그리고 당신이 특정한 부탁을 들어 줄 수 없어서 느낄지 모를 불편함을 느끼지 않아도 된다.

연인에게 'No'라고
말하는 기술

　연애를 하거나 사랑에 빠졌을 때는 상대를 기쁘게 하는 행동을
하므로 남자는 매너가 좋고 여자는 예의 있게 행동을 한다. 상대
에게 호감을 주고 관심을 끌기 위해 본래 자신의 모습보다 과장스
럽게 행동하고 상대를 존중하고 있는 것처럼 행동한다. 상대가 좋
으면 좋을수록 잘 보이고자 하는 가면을 쓰고 행동한다.

　문제는 자신이 좋아하는 스타일의 이성을 선택하는 것이 아니
라 상대의 잘 보이고자 하는 가면에 끌리고 있다는 것이다. 그러
므로 'No'를 말하는 것이 중요하다. 사귀다가 원하지 않는 일이
일어나거나 상대가 바람직하지 않은 행동을 했을 때는 과감하게
'No'라고 말해야 한다. 여기서 'No'를 말하지 않으면 당신의 인생
은 비참해지고 새로운 세상으로 나가지 못한다.

상대 남자하고 더 이상 데이트하고 싶지 않다거나 상대 여자하고 더 이상 관계를 진행시키고 싶지 않다고 생각할 때도 애매하게 말하면 상대가 잘못된 기대를 갖게 만드는 경우가 많다. 연애 관계에서 이런 태도를 취하면 결국 당신의 메시지가 전달되지 않게 된다.

상대가 맘에 들지 않아 멀리하고자 하거나 상대와 관계를 끊을 때 언제 거절의 말을 하면 좋을까 많은 사람들이 고민한다. 이런 문제는 가급적 빠른 단계에서 'No'라고 말하는 것이 좋다. 내키지 않은 데이트로 시간과 에너지를 낭비하기보다 당신이 원하는 상대를 만나기 위해 에너지를 집중하고 이상적으로 생각하는 상대를 구체적으로 그릴 수 있는 시간을 갖는 것이 당신 인생에 도움이 되기 때문이다. 게다가 당신이 어떤 상대를 원하는지 확실히 알고 있다면 'No'라고 말하기도 쉽다. 당신이 이상형의 상대를 만나겠다는 목표를 갖고 있다면 맘에 들지 않는 데이트도 성장의 기회로 만들 수 있다.

때로는 상대가 맘에 들지 않더라도 데이트에 나가서 즐길 줄도 알아야 한다. 그렇지 않으면 인간관계가 소극적으로 변할 수 있다. 때로는 데이트가 인간관계 기술을 향상하는 자리가 될 수 있고, 인간관계의 폭이 넓어지는 데 도움이 되기도 한다. 또 여러 사람과 데이트하다 보면 사람 보는 안목도 높아진다.

가끔은 데이트에 나갈 것인가 말 것인가 고민하는 경우도 있다.

이렇게 고민한다면 데이트를 거절하는 것이 좋다. 거절할 때는 "저(나)는 ~~~"이라고 말한다. 가령 "나는 아직 사귀려는 마음의 준비가 안 됐다", "나는 데이트에 관심 없어요"라고 한다. 이렇게 말하면 상대의 어떤 점이 마음에 들지 않아 거절한다고 얘기하지 않아도 되기 때문이다.

또한 오해할 수 있는 말도 조심해야 한다. 가령 "이번 주는 안 되겠어요"라고 말했는데 상대는 이 말을 "날 좋아하지 않는구나"는 의미로 받아들일 수 있기 때문이다.

데이트를 하다가 상대와 관계가 깊어지면서 한 쪽에서 성관계를 요구하게 된다. 여기서 당신이 원하지 않는다면 단호하게 'No'라고 말한다. 사실 우리는 성에 대해 막연한 편견이나 선입견을 갖고 있다. 그래서 성에 대해서 진지한 대화를 하지 못하고 웃기는 얘기, 블랙 유머, 조크로 접하고 있다.

존 그레이(John Gray) 박사는 데이트를 하고 있는 상대와 오랫동안 관계를 갖고자 한다면 성관계를 급하게 하지 말라고 조언하고 있다. 상대와 성적인 관계를 하기 위해 사전에 충분히 대화하는 것이 중요하다고 말하고 있다. 심리학자인 아놀드 라자루스(Arnold Allen Lazarus)는 연인들에게 문제가 되고 있는 잘못된 오해가 "진정한 연인들은 상대의 생각과 감정을 알 수 있다"는 잘못된 말이 두 사람의 관계에 나쁜 영향을 끼치고 있다고 했다. 상대의 생각을 당연하게 여기거나 함부로 추측하지 말고 대화를 나누라는 의미다. 연애의 가장 기본은 상대와 서로의 감정을 공유하면 서 솔직하게 대화하는 것이다. 그렇다고 해서 완전히 공유해야 한 다는 것이 아니다. 그렇게 생각하면 또 다른 문제가 생긴다. 연애 는 있는 그대로 받아들인다는 의미이다.

"연애는 서로를 깊이 사랑하는 두 사람간의 풍부한 인간관계 다. 연애의 특성은 서로를 끌어당기는 매력(attraction), 개방적이 고 솔직한 대화(communication), 지속적인 파트너십에 대한 약 속(commitment), 삶을 함께하는 즐거움(enjoyment), 관계의 목 적(purpose)을 이해하기, 서로를 존중하는 상호신뢰(trust)라는 특성이 있다." 영문 앞 자를 따면 상대를 그대로 받아들인다는 ACCEPT가 된다.


로버티 앨버티(Robert Alberti)와 마이클 에몬스(Michael Emmmons)박사는 《당당하게 요구하라 *Your Perfect Right*》에서 성 적인 의사소통을 네 가지 유형(수동적 태도, 간접적인 공격태도, 공격 적인 태도, 어서티브 태도)으로 나누었다.

성적인 관계에서 가장 문제가 되는 것은 간접적인 공격태도, 혹 은 수동적이면서 공격적인 태도이다. 상대를 나쁜 사람으로 만들 거나 죄책감을 갖게 해 상대에게 책임을 떠넘기면서 상대가 자기 의도대로 행동하도록 교묘하게 조종한다. 조종하기 위해 아첨, 내 숭, 화난 표정, 동정심을 얻거나 불쌍하게 보이도록 하거나 운다거나 잘못을 지적하고, 거짓말하기 등 여러 가지 방법이 있다. 다음은 성적 의사소통의 네 가지 유형 가운데 반드시 알아두어야 할 사항을 소개한다.

첫째, 전적으로 어느 한 가지 유형에만 속하는 사람은 없다. 대개는 주로 어느 한 가지 유형으로 행동하지만 때로는 네 가지 유형이 모두 나타난다. 예를 들어 당신은 평소 약간 토라져 있거나 아주 강하게 행동하거나, 또는 부적절하게 더듬거리며 변명하는 유형이다. 그러나 당신도 때로는 확신을 가지고 직접적으로 자기주장을 펼칠 때가 있는 법이다. 누구나 모든 것에 확신을 가지고 행동하고 싶어 하지만 이 세상에 완벽한 사람은 없다.

둘째, 성적 의사소통의 목적은 당신이 바라는 대로 반응할 수 있는 능력과 선택권을 가지는 것이다. 많은 사람들이 적절한 성적 표현을 위해 잘 알고 다루어야 하는 기술이나 마음, 행동을 갖추지 못한 채 아무런 준비 없이 상대와 성행위를 한다. 그러나 대화를 하면서 그것을 실천하는 데 노력한다면 관계가 훨씬 만족스러워진다.

셋째, 어떤 행동을 하는 동기가 때로는 무의식적으로 할 수 있다. 사람들은 자신이 왜 그런 반응을 나타냈는지를 알고 있다고 생각하지만 심리학적으로 깊게 들어가면 그와 다른 결과가 종종 나온다. 해소되지 않은 감정들이 때로는 예기치 못한 행동으로 드러나기도 한다.

넷째, 성에 관련된 모든 대화는 서로의 관심이 반영될 수 있는 쌍방향이 되어야 한다. 이럴 때 서로에 대한 헌신과 약속이 나온다. 여기서도 대화의 의미가 중요하다. 상대를 교묘하게 조종하거나 기만행위가 아니라, 상대를 무조건 즐겁게 해 주는 것도 시시비비를 가리는 것도 아니다. 성적인 대화는 두 사람이 서로 평등하게 대화한다.

다섯째, 말과 몸짓은 둘 다 성적인 표현에 필수적이다. 성적인 의사소통에서 몸짓은 빼 놓을 수 없는 표현수단이다. 그러므로 상대의 몸짓에도 집중한다.

친한 선배가
'갑질' 하는 경우

 

신입사원의 경우는 고객사에 방문하기 전에 직속 상사나 선배한테 여러 가지 주의할 사항에 대한 얘기를 듣는다. 아직 신입사원이므로 혼자서 영업하러 가서 고객의 질문에 답변하지 못할 위험성도 있기 때문이다. 신입사원이 고객사에 제안하기 위해 만든 기획서나 제안서는 물론, 프레젠테이션 하는 방법에 이르기까지 세세한 부분에서 사전 점검을 하면서 신입사원을 가르치고 있다.

선배 가운데는 자신이 상사한테 받은 스트레스를 해소하기 위해 신입사원한테 업무를 가르친다는 이유로 분풀이를 하는 사람도 있다.

**주임** 저기, 한상호 씨 이렇게 하면 안 돼요. 이건 기획서라고 할 수 없어요. 지난번에도 가르쳐줬지요? 기획서는 실시하기 위한 것이라 상대한테 명확하게 전달되지 않으면 안 돼요. 이렇게 만들어서는 충분히 전달되지 않아요. 다시 한 번 더 잘 생각해 보세요.

**신입** 네… 벌써 4번째 다시 썼는데요. 결과적으로 매출을 올리기 위한 것이라서…행복하게 하는 것이 좋지 않은가 하고 생각했어요.

**주임** 무슨 말을 하는 거야? 행복감은 추상적인 것이에요. 매출이 올라간다고 해서 행복하다고 할 수 있어? 거기가 명확하게 되어 있지 않으니까 이 기획서는 안 된다고 하는 거예요. 이것을 전달하지 못하면 몇 번이라도 다시 고치고 다시 해야지.

**신입** 네… 기획서 작성하는 법을 읽었는데도 그런 지적은 없었는데. 주임님이 말씀하신 것을 잘 모르겠어서….

**주임** 그러니까 몇 번이나 말하는 거예요. 행복의 개념을 모르니까 그렇지!

신입사원 입장에서 보면 정답을 몰라 답답하고 속상하지만 선배는 신입사원이 괴로워하고 고민하는 모습을 보고 즐기는 사람도 있다. 주임은 직장에서 가장 낮은 지위이지만, 신입사원 입장에서 보면 권력이 있는 사람이다. 선배는 자신의 권력을 휘두르고 있다. 흔히 말하고 있는 갑을 관계가 된다. 즉 당신도 상대를 괴롭히는 가해자나 '갑질' 하는 사람이 될 수 있다는 것을 자각하기 바란다.

신입사원은 불리한 입장이 된다. 이런 경우 선배한테 말대답하거나 항의하지 않도록 한다. 오히려 역효과가 난다.

**신입** 그럼 주임님이 말하는 행복감이 전할 수 있는 기획서를 직접 만들어서 본보기로 보여주세요.

**주임** 무슨 말을 하는 거야? 이것은 내 일이 아니야. 한상호 씨 일이잖아. 더구나 내가 직접 하면 교육이 안 되잖아. 쓸데 없는 말하지 말고 고쳐서 다시 가지고 오세요.

이렇게 말하고 나서 주임은 갑자기 자리로 돌아갔다. 이런 사람은 모범적인 기획서를 만들어주지 않는다. 뭐든지 비판하면서 신입사원의 입장을 곤란하게 한다. 직장 괴롭힘이나 '갑질'의 유형이다.

이런 경우 아랫사람이 할 수 있는 방법은 상대를 피하고 마주치지 않는 방법이 가장 좋다. 신입사원은 몸이 아프다고 하면서 직장에 나가지 않고 주임을 피한다. 가령 머리가 아프다, 배가 아프다 하고 며칠 정도 휴가를 낸다. 그러면 주임은 당황해 할 것이다. 더구나 3~4일을 계속해서 다른 이유를 대면서 결근하면 관리자인 부장이나 과장은 직속선배인 주임한테 "무슨 일이 있었어?" 하고 물어본다.

그러면 주임은 자신이 괴롭힌 행동 때문에 양심의 가책을 느낀다. 그리고 아무 일도 없었다는 듯이 출근해 깍듯하게 인사하면 주임의 태도는 달라진다.

이 사례에 나온 선배와 같이 당신을 의도적으로 괴롭히는 사람한테 인정받기 위해 불필요하게 애쓰지 않기 바란다. 오히려 당신 안에 있는 두려움이나 분노와 같은 자신 속에 있는 부정적인 감정과 마주하면서 당당히 이겨내기 바란다.

친한 상사가
부당한 요구를
할 경우

직장 생활은 일과 인간관계로 나눠진다. 일로 힘들어 하는 사람들은 별로 없다. 많은 사람들이 인간관계로 힘들어 한다. 특히 상사와의 관계는 중요하다. 상사한테 잘못 보이면 승진할 수 없고, 심지어 직장을 잃을 수 있다. 그래서 상사가 부당한 요구를 하더라도 쉽게 거절하지 못하는 사람들이 많다.

**상사** 잠깐 내 얘기를 들어줄 수 있어?

**직원** 네. 부장님 뭔데요?

**상사** 응. 전에 얘기한 적이 있었지? 우리 아들 얘긴데….

**직원** 네… 기억하고 있습니다. 이탈리아 음식점에서 일한다고 한…

**상사** 그래… 기억하는구나. 벌써 5년이 지났거든…

**직원** 그럼 아주 훌륭한 요리사가 된 거네요.

**상사** 그렇지… 그래서 이번에 독립하기로 했네.

**직원** 와~정말 대단해요. 역시 부장님 아들이네요.

**상사** 고맙네… 자기 가게를 내기로 했어.

**직원** 오픈할 때 꼭 말씀 주십시오. 축하 하러 가야죠.

**상사** 고맙네. 그래서 말인데… 자네한테 의논할 게 있는데… 나도 앞으로 5년 정도면 퇴직할 거고 퇴직한 후에는 아들 가게에서 일하면 좋겠다고 생각하고 있는데… 실은 가게 보증금이 2억5천만 원 인데 5천만 원 정도가 부족해서… 퇴직금을 댕겨 쓸까 하고 생각했는데 역시 공과 사는 구분해야 아들을 위해서도 좋고. 은행에서 대출받으려고 하는데 내가 보증인이 되면 2천만 원밖에 대출받을 수 없다고 하네. 그래서 5천만 원을 대출받으려면 보증인이 한 사람 더 필요하다고 해서 자네한테 부탁하네. 자네 이름을 좀 빌려줄 수 있겠나?

**직원** 네? 제가 아드님 은행 대출에 보증인이 되는 겁니까? 아… 그래요. 이름만 빌려주면 되죠. (얼떨결에 승낙한다)

상사의 개인적인 얘기를 듣고 있다가 상사의 부탁에 보증인 요청을 얼떨결에 승낙한다. 일반적으로 중소기업에서는 자금 확보가 어려운 경영자가 임원들에게 연대 보증인이 되게 하는 경우는 있지만, 개인적인 친분을 빌미로 부탁을 하게 되면 거절하기가 쉽지 않다.

친척이나 친구들이 병원에 입원할 때 보증인으로 이름을 빌려 달라거나, 취직할 때 신원보증인이 되어 달라거나 하는 정도라면 가볍게 승낙할 수 있다. 하지만 은행 대출의 보증인이 되는 것은 다른 문제다.

이런 경우에는 단호하게 거절해야 한다. 은행 대출을 위한 보증인은 일반적인 보증인과 다르다. 은행 대출의 보증인이 되는 것은 채무자로서 책임을 진다는 의미이다. 직장에서 승진을 기대하거나 혹은 사적인 인정에 얽매여 이런 부탁을 승낙해서는 안 된다.

**상사** 그래서… 자네 이름만 좀 빌릴까 해서.

**직원** 부장님! 저를 믿고 개인적인 얘기를 해 주셔서 감사합니다. 실은 할아버지 때 친척의 연대 보증인이 된 적이 있어서 우리 집이 엄청난 빚을 진 적이 있습니다. 그 후에 우리는 보증인이 되는 것은 절대 하지 않기로 하고 있습니다. 어려운 말씀을 하셨는데 죄송합니다. 저는 보증인이 될 수 없습니다.

이런 얘기가 주위 사람한테 알려지면 부장도 입장이 곤란할 수 있기 때문에 더 이상 부탁을 하지 않을 것이다.

214

프라이버시를
침해하는 후배한테
'No'라고 말한다

다른 사람의 사생활에 대해 관심을 갖고 질문하는 사람은 어디
에나 있다.

새로운 직장에 배치된 신입사원은 주위에서 주목하고 있고 여
러 사람이 많은 질문을 하고 있다.

어떤 성격의 사람인가, 어느 학교 출신인가, 어떤 취미생활을
하고 있는가, 혹은 뭔가 독특한 취미 생활이 있는가, 고향은 어디
인가? 하는 것이다. 이와 같은 인간관계의 기본적인 사항을 빨리
알아두고자 한다.

서로 이런 배경을 알게 되면 한층 더 대화를 깊이 있게 할 수 있
고, 보다 원만한 커뮤니케이션이 된다. 주위 사람들과 잘 어울리
기 위해서는 오히려 적극적으로 자신의 개인적인 정보를 알려주

는 것이 유리하다.

하지만 이런 오픈된 정보에 국한하지 않고 더욱 끈질기게 질문하는 사람도 있다. 가령, 다음과 같은 것을 묻는다.

**선배** 너는 본가에서 출근하는 거야? 집은 자가 주택이니?

**후배** 네? 네. 우리 집은 아파트인데요.

**선배** 그래, 아파트는 현금이나 마찬가지잖아.

**후배** 저기, 우리는 아주 오래된 아파트라서 별로 대단하지 않아요.

**선배** 그래도 아파트는 네가 상속받을 수 있는 거잖아. 대단한 재산가네.

**후배** 아, 저는 형도 있고, 우리 아파트는 그렇게 가격이 나가는 물건이 아니에요. 더구나 아직 대출도 안 끝났고….

**선배** 그래? 그렇구나. 아직 대출을 갚고 있구나.

**후배** 거기다 좀 벗어난 수도권이고….

**선배** 아… 후진 지역에서 출퇴근 하고 있구나.

**후배** 후졌다기 보다는 조금 멀 뿐인데요.

**선배** 어쨌든 서울에서 떨어져 있으면 집값은 싸겠네.

상대한테 갑자기 개인적인 질문을 들으면 누구나 당황한다. 어디까지 어떻게 대답할 것인가 당황스럽게 된다. 그렇다고 이런 말을 하지 않으면 상대가 자신을 건방지고 잘난 척하는 사람이라고 오해하게 해서도 안 된다.

그래서 조금 겸손하게 대답하면 상대한테 재산이 있어서 좋겠다는 말을 들어야 하고, 그렇지 않다고 낮춰서 대답하다 보니 얼떨결에 은행 대출에 대한 얘기까지 하게 된다. 상대도 여기에 따라서 상속받을 수 있는 재산이라는 말을 했다.

여기에 대해 낮춰서 대답하다 보니까 집안의 경제적 상황까지 드러내는 얘기를 하게 된다. 하지만 이런 개인적인 사실을 있는 그대로 말할 필요는 없다.

이런 당황스런 대화가 되지 않기 위해 다음과 같은 기술을 기억해 둔다.

**선배**  너는 본가에서 출퇴근 하니? 집은 너희 집이야?

**후배**  네, 본가에서 출퇴근 하지만 집의 소유권이 있는지 어떤지 왜 궁금한가요?

**선배**  아니, 그냥.

이처럼 역질문해서 간단하게 당신이 주도권을 잡고 상대가 대화를 피하게 만든다.

당신은 자신의 프라이버시를 지킴으로써 안정감을 가질 권리가 있다. 이것을 침범하는 사람은 상대의 약점을 발견해 만족감을 얻으려고 하는 저의가 있는 사람일 가능성이 있다. 이것 저것 고민하지 말고 단호하게 'No' 해주자.

내 프라이버시는 내가 지켜야 한다.

# 제6장

# 어서티브하게
# 'No'라고
# 말하는 기술

우리는 상대와 허심탄회하게 대화를 나눌 때 만족감을 느낀다. 상대에게 'No'라고 할 때 죄책감을 느끼지 않고 솔직하게 말하는 것을 '어서티브 커뮤니케이션 (Assertive Communication)'이라고 한다. 자신이 상대한테 'No'라고 할 수 있고 상대가 자신한테 'No'라고 해도 상대의 마음을 존중하면서 받아들이는 자세를 의미한다. 그래서 자신도 존중하고 상대도 존중하는 대화 기법이라고 표현하고 있다. 자신이 곤란하고 어려운 상황에서 어떻게 할까 하고 고민될 때는 어서티브 커뮤니케이션 기법을 활용하기 바란다. 까다롭고 불평하는 주위 사람들에게 부드럽지만 단호하게 대화해 갈등과 문제를 해결하기 위한 훌륭한 대화 방법이다.

비난이나 질책을
받았을 경우

상사가 비난하면서 공격해 올 때, 당신도 화가 나서 그대로 반격하는 것은 부정적인 행동에 동조하는 것이 된다. 상대가 부정적으로 공격을 하면 당신은 크게 심호흡하고 나서 차분한 태도로 예의 바르게 긍정적인 행동을 한다.

**상사** (화를 내며) 뭐하는 거야? 전부터 단가협상을 해야 한다고 그렇게 말했는데 지금까지 뭐하다가 이런 요금 청구서가 날아오게 하는 거야? 바보 같은 자식!

**직원** 죄송합니다. 제 잘못입니다만, 팀장님 여기는 회사입니다. 바보 같은 자식이라는 인격적인 공격은 하지 않았으면 하는데요.

**상사**  뭐야? 이렇게 된 건 네 책임이잖아.

**직원**  (차분하게) 제 잘못은 인정합니다. 잘못한 일은 사과드립니다. 그러나 지금 하신 말씀은 지나칩니다. 인격적인 공격은 하지 않았으면 합니다.

**상사**  (당황하며) 음…! 알았으면 됐어.

상사가 화를 내며 공격해도 부하가 차분하게 대응하면 상사도 부하한테 동조해 차분하게 말하게 된다. 하지만 상사의 공격적인 태도에 겁에 질려 아무 말도 안하고 있으면, 상대는 점점 더 공격적으로 변해간다. 당신이 차분하게 대응하면 그 장면에서 주도권을 잡는 것이 된다.

비난의 말을 들었을 때 대응하는 방법은 다음과 같다.

### ① 비난의 말을 받아들인다

비난의 화살이 날아왔을 때는 "그렇지 않아, 그런 일 없어, 하지만…" 하고 반발하는 것이 아니라 일단 상대의 말을 듣는다. 아무리 귀가 아프고, 마음속에서 아니라고 외치고 싶어도, 아무리 화가 나도 일단 상대의 말을 듣도록 한다. 하지만 이것이 가장 어렵다.

여기서 중요한 것은 비난을 하도록 허락하는 것이지 그 비난의 말에 동의하는 것이 아니라는 것이다. 동의하는 것은 상대의 비난에 귀를 기울여 듣고, 들은 것을 태도로 나타내는 것이다. "그래 맞아" "그렇구나"와 같은 말을 한다.

그럼 비난을 허락하지 않으면 어떻게 될까? 상대는 당신에 대한 비난의 메시지를 어떻게든 전달하려고 하기 때문에 당신이 허락할 때까지 계속 전달하려고 한다. 즉, 비난의 화살은 멈추지 않고 점점 많아진다. "넌 말도 안 되는 사람이다" 등등.

그러면 커뮤니케이션이 되지 않는다. 상대의 말을 듣지 않으면 문제 해결을 위한 출발을 할 수 없게 된다. 커뮤니케이션을 하지 않고 비난만 하면 아무런 성과가 없으므로 어떻게든 대화하도록 자신을 컨트롤할 필요가 있다. 상대의 말을 들을 때는 흘려듣지 말고 이해하려고 경청하는 자세를 갖는 것이 중요하다. 대화할 때는 이렇게 한다.

- 상대의 언어를 자신의 언어로 바꿔서 확인한다.
- 상대의 언어 속에 있는 기분을 말한다.
- 필요하면 질문하면서 더욱 깊은 정보를 얻는다.

비난하고 있는 상대에게 진지한 태도를 보이는 것만으로 공격의 화살은 상당히 약해져 있다. 그러면 비난하고 있는 문제 해결에 한 걸음 다가서게 된다.

상대의 비난을 잘 듣고 경청하는 기본자세는 다음과 같다.

"네…그렇게 생각했군요."

"그렇군요. 내가 ○○○라고 생각하셨군요."

"저의 ○○○ 태도가 문제라는 것이네요."

"제가 ○○○한 것이 불쾌했다는 것이네요."

이렇게 말할 때는 상대의 얼굴을 보고 차분한 태도로 말하고 필요하다면 그때 자신의 감정을 말한다.


### ② 비난에 휘둘리지 않는다

비난하는 사람의 목적은 상대가 화를 내고 흥분하게 만들기 위해서다. 일부러 비난을 해서 자기 마음대로 하려는 의도가 있다. 그래서 의도적인 비난에 휘말리지 않기 위해서는 목소리를 높이지 않고 차분하게 대응해야 한다. 이런 사람들은 상대의 약점을 공격해서 자신의 존재 가치를 확인하려고 하므로 비난하는 말이 틀렸다고 대응하여 말싸움이 되지 않도록 한다.

또 새로운 일을 하거나 익숙하지 않은 일을 할 때, 실수를 해서 지적받거나 놀리는 말을 듣게 되는 경우가 있는데, 장난스럽게 놀리는 말을 하는 사람은 어떻게 대응하는 것이 좋을까?

유머를 가장한 농담과 조롱이 불명확할 때가 있지만, 놀리는 말을 듣고 본인이 불쾌감을 느끼면 놀리지 말라고 분명하게 얘기해야 한다. 가령, 출판사에서 디자이너로 근무하고 있는 사람이 디지털 카메라 같은 최신 제품을 잘 다루지 못하는데 주위에서 "카메라 사용법 하나 제대로 모르는 사람이 어떻게 디자이너 일을 하고 있니?" 하는 식으로 놀리는 말을 들은 경우를 보자. 자신은 쫀쫀한 사람으로 보이고 싶지 않아서 못들은 척 그냥 지나갔다고 한다. 그러다가 몇 번 이런 말을 들으니까 바보 취급당하는 느낌이 들어서 화가 나서 한꺼번에 폭발했다고 한다. 이런 경우 본인이 불쾌감을 느끼면 분명하게 얘기하는 것이 좋다.

회의나 미팅 시간에 의견 차이가 있다거나 의견 대립하는 사람과 이런 일이 일어나면 어느 정도 감정을 조절할 수 있지만, 가정에서 아내가 남편을 비난하는 경우에는 참기 어려운 경우도 있다. 가령 휴일에 골프 가려고 하는데 가족이랑 같이 놀러가지 않는다고 아내가 "당신은 식구들은 전혀 생각하지 않고 혼자서 놀러 다니는 이기적인 사람"이라고 비난하는 경우도 있다. 이렇게 가족관계에서 비난의 말을 들었을 때는 어떻게 대처하는 것이 좋을까?

대개는 휴일에 놀러가려고 할 때 아내의 비난의 말을 들으면 화부터 내는 남편들이 많다. 이런 경우는 아내한테 왜 비난의 말을 하는지 진짜 이유를 물어보면서 대화를 시도해야 한다. 비난의 말을 하는 아내한테 "또 시작이다"라든가, "항상 하는 잔소리"라고 생각하고 한 쪽 귀로 듣고 한 쪽 귀로 흘리지 않는 것이 중요하다. 생각만 조금 바꾸고 대화하게 되면 타협점이나 해결점을 찾을 수 있기 때문이다.

### ③ 비난의 가능성에 동의한다

때로는 상대의 비난이나 지적하는 말을 부정하기 전에 그 가능성에 동의하는 방법도 있다. 상대가 한 말을 모두 부정하는 것이 아니라 어느 정도 가능성이 있다는 관점에서 받아들이자는 것이다.

상대가 "몸에서 땀 냄새가 나는데"라는 말을 했다고 하면 목욕한 직후가 아니라면 땀 냄새가 날 가능성이 있다. 상대가 한 말을 전부 부정하는 것이 아니라, 어느 정도 사실일 가능성이 있다는 전제에서 상대의 말을 인정하고 동의한다는 관점인데 주로 공격적인 말을 많이 하는 사람한테 사용하는 것이 좋다.

이것은 상대의 말을 인정한다는 의미이고 사실이 '그렇다, 그렇지 않다'와는 다른 관점이다. 이런 관점은 비난의 말을 함부로 하는 사람들한테 대응할 때 효과적인 방법이다.

가령 "너 못생겼어" 하는 말을 들으면 "네가 그렇게 생각하고 있다는 거 나도 알고 있어"라고 말한다. 이렇게 상대의 말에 동의하면 자신을 놀리거나 괴롭히는 말을 들어도 열등감이나 콤플렉스에 시달리지 않고 보다 객관적으로 볼 수 있다.

또한 "집이 난장판이구나. 이런 돼지우리 같은 곳에서 어떻게 생활하니?" 하고 말하면 "그래, 네가 말한 대로 집이 좀 엉망이야. 하지만 내가 생활하는 데는 별로 불편하지 않아"라고 대답한다.

주변 사람들을 흉보거나 비난하는 것이 즐거움인 사람들이 상대의 취향에 대해 이래라, 저래라 하는 말을 하고 있다. 옷차림이나 머리 모양, 걸음걸이와 같은 지극히 개인의 취향이나 외모에 대해서 비난받을 때도 있다. 가령 "나이가 마흔이 넘었으면서 생머리가 뭐니? 정말 꼴불견이다"라는 말을 들었을 때, "아, 그렇게 보이나요? 하지만 나는 이런 스타일을 좋아해요"라고 상대가 말한 것을 그대로 인정하면, 본인이 상처받지 않으면서 자신의 생각을 분명히 말하는 어서티브한 대화 기술이 된다.

### ④ 비난에 동의하지 않는다

예를 들어 상대가 "자네, 요즘 의욕이 없어"라는 말을 했다. "그렇게 보이나요? 저는 의욕이 있는데 구체적으로 어떤 점이 그렇게 보이나요?" 하고 상대가 더욱 많은 얘기를 하도록 하면서 대화한다.

"당신은 제멋대로 하는 사람이야"라는 말을 들었다면 어떻게 대응하면 좋을까?

어떤 약속을 지키지 않았던 적이 있었던 것은 사실이다. 하지만 제멋대로 하는 사람이라는 말은 동의하지 않는다고 하면 "확실히 그때는 약속을 지키지 않았다. 그 때는 정말 미안했다. 그렇다고 해서 제멋대로 하는 사람이라는 말은 듣고 싶지 않아" 하고 솔직하게 상대를 보면서 전달한다.

또한 술좌석에서 농담이나 비웃음, 조롱 섞인 말을 들었을 때

"그런가요?"라고 말하면서 과감하게 자리를 뜨는 것도 하나의 방법이다.

직장에서 상사나 선배한테 비난의 말을 들었다면 그 말을 듣고 나서 진짜 문제가 무엇인지 생각해 보는 것도 필요하다. 혹시 업무의 진행 방법에 문제가 있을 수 있고, 다른 개선 방법을 발견할지 모른다.

비난에 능숙하게 대처한 결과 보다 좋은 상황이나 인간관계를 만들기 위한 목적에 가까워질 수 있다.

빌려간 물건을
돌려주지 않는 경우

직장에는 여러 유형의 사람이 있다. 상식적인 선에서 말하기 어려울 정도로 불쾌한 행동을 하는 사람도 있고 본인의 생각대로 해야 한다고 억지를 부리는 사람들도 있다. 이런 사람들을 상사나 선배로 깍듯하고 정중하게 대해야 하는 것이 현실이기도 하다. 이런 사람들하고 대화할 때는 불쾌지수가 올라가는 경우도 있다. 그럼 어떻게 대응할 것인지 사례를 보면서 대응 방법을 익히도록 하자.

**선배** 이번에 나온 주간지 샀구나. 여기에 읽고 싶은 기사가 있어서 그러는데 좀 빌려줄래? 점심시간 끝나면 돌려줄게.

**당신** 아, 오늘 아침에 새로 산 거라서요. 아직 안 읽었는데⋯ 오늘 점심시간에 읽고 나서 선배한테 빌려 줄게요.

**선배** 뭐야? 그렇게 치사하게 굴 거야? 난 읽고 싶은 부분만 보고 나서 금방 돌려준다니까. 잠깐이면 돼.

**당신** 저… 저기요.(주간지를 가지고 갔다)

또 다른 사례도 있다.

**선배** 아~시간이 없네. 편의점에서 라면이랑 삼각김밥으로 때우는 수밖에 없네. 지금 카드가 없으니까 같이 계산해줘, 나중에 줄게.

**당신** 저는 지금 5천 원짜리 한 장 밖에 없는데요. 카드로 계산할 거 아닌데요.

**선배** 치사하게 그런 식으로 하지 마. 그냥 내 것도 같이 계산하라니까.

**당신** 네…(나중에 주지도 않으면서…)

이렇게 항상 강요하다시피 남의 도움을 받는 것을 당연하게 여기고, 돈을 빌리고도 갚지 않는 사람이 있다. 이런 사람은 겉으로는 자신감 있게 보이고 사람들을 대할 때도 사교적으로 보이지만 사실은 진실성이 없음을 위장하기 위한 수단에 불과하다.

가령 다른 사람한테 보여주고 싶지 않아 책커버를 해서 책상에 놓아 둔 책을 함부로 뒤져 보는 식이다. 그리고 "이런 책을 읽고 있어? 무슨 책이야?" 하고 일부러 커버를 벗기고 나서 "이거 요즘 유행하는 책이네! 나 이거 하루 밤에 읽고 돌려주게. 좀 빌려줄래? 넌 천천히 읽으니까 시간 걸리지" 하면서 책을 갖고 간다.

"안 되거든요" 하고 저항해도 "뭘 이런 거 갖고 그래" 하면서 오히려 상대를 비난한다.

잡지나 서적만이 아니라 문구류나 CD, 태블릿PC도 빌려 달라고 한다.

자신은 업무가 미숙한 후배를 보살펴 주고 있으므로 이 정도로 물건을 빌려 쓰는 것은 별일 아니라고 생각한다. 아무리 상대한테 도움을 줬다고 해도 이렇게 무례하게 행동해서는 안 된다.

대부분 사람들은 도움을 받게 돼 정말 고마웠던 사람이 뭔가를 빌려달라고 한다면 그것이 돈이든, 뭐든, 기쁜 마음으로 빌려준다. 굳이 빌려 달라고 하지 않고 상대가 뭔가 당황스런 표정으로만 있어도 당신이 먼저 "빌려드릴까요?" 하고 물어 보고 빌려주기도 한다.

그리고 이런 사람은 아주 사소한 것이라도 기억하고 "그때 도와줘서 고마워" 하고 감사 말을 한다.

하지만 사례에 든 이런 사람은 인격적으로 존경할 수 없고 물건을 빌려주고 오히려 당신이 피해를 본다. 이럴 때는 보다 강력하게 'No'라고 말한다.

- "선배, 이것은 내가 일부러 산 물건이에요. 지난번에 식당에서도 내가 돈을 빌려줬고 그거 아직 갚지 않고 있어요" 하고 확실하게 사실을 말한다.

- 나는 좋아하는 책을 다른 사람에게 빌려주지 않는다. 어디에 있는지 모르면 짜증이 나고 항상 생각났을 때 보는 스타일이다. 그래서 책은 다른 사람한테 절대 빌려주지 않는 것이 내 소신이다.

- 내가 좋아하는 책 몇 권 있는데 그 가운데 한 권이다. 이 책은 시간 날 때마다 자주 읽고 있다. 그래서 빌려 줄 수 없다.

- 빌려주지 말고 빌리지도 말라는 말이 있지? 문제를 만들지 않고 우정을 지키기 위해 최고로 좋은 교훈이라고 생각하고 있다. 그래서 미안한데 거절하겠어.

때로는 'No'라고 말하는 것이 인간관계를 위해 최선의 방법이라는 것을 새겨 놓자. 자신의 호의를 이용하는 사람한테 자신을 지키기 위해서도 분명하게 말하면 소중한 사람들에게 화를 내지 않아도 되고 보다 원만한 인간관계를 유지할 수 있다.

화가 난 고객의
무례한 막말에
대응하는 경우

작은 회사에서는 전화 문의나 클레임 대응을 도맡아 하는 전문적인 담당자를 두고 있지 않다. 그래서 화가 난 고객을 응대하는 일은 직원들한테 가장 어려운 일이기도 하다.

화가 난 고객은 흥분해 있는 상태로 무례하고 공격적이다. 전화 받은 사람한테 무조건 화풀이하려고 한다. 전화를 받은 사원은 화난 고객을 올바로 대응하지 못하는 경우가 많다. 이런 상황에서 어떻게 대응하는 것이 좋은가를 보기로 하자.

**고객** 여보세요. 정수기 회사인가요? 거기 제품 중에 정수기를 쓰고 있는 음식점인데요. 오늘 갑자기 냉수가 되지 않거든요. 오늘 정수기가 안 돼서 물을 못 쓰고 있어요. 지금 당장 와서 이 정수기를 고쳐줬으면 해요.

**사원**　지금 수리하는 담당자가 전부 외근 나가있어서… 품질보증
　　　기간이 언제까지인가요?

**고객**　그건 모르겠고요. 여기도 영업하는 음식점인데 정수기가
　　　고장 나서 일을 못하고 있으니까 당장 와서 고쳐 주세요.

**사원**　네. 가급적 빠르게 가겠습니다. 주소가 어딘지 알려주세요.

**고객**　네. 서울시 노원구 상계동인데요.

**사원**　아… 거기는 너무 멀어서 오늘 중으로 가기는 어려울 것 같
　　　은데요.

**고객**　뭐? 무슨 소리야? 물건을 팔았으면 끝까지 책임을 져야지.
　　　오늘 중으로 2시간 이내에 오지 않으면 손해배상청구할 거
　　　야. (큰 소리로 화를 내면서 말한다)

**사원**　네. 알겠습니다. 가능한 빨리 갈 수 있도록 하겠습니다. (일
　　　단 성의를 보이는 대답)

**고객**　지금 한 말 모두 녹음했으니까 2시간 이내로 와!


이 전화를 받은 사원은 고객 불만처리 업무에 대한 기본 지식이
없는 사람이다. 고객이 화를 내고 있다고 해서 요구를 그대로 들
어주겠다고 말해서는 안 된다. 고객의 요구는 들어줄 수 있는 것
이 있고, 들어 줄 수 없는 것이 있다.

상품이 고장 나는 일은 얼마든지 있다. 전화로 물어봐서 고칠

수 있다면 다행이지만 그렇지 않은 경우도 많다. 상품의 고장, 서비스가 안 되는 상태에서 대응하는 방법은 상품 매뉴얼이나 판매 계약 조항에도 쓰여 있다. 고장이 났을 때 어떻게 대응할 것인가가 명시되어 있다.

여기서는 일단 고객이 화가 나서 하는 말을 차분하게 들어야 하고 그리고 난 다음에 고장 난 상품의 수리 여부를 내부적으로 확인해서 연락하기 위해 고객 연락처를 남겨달라고 한다. 그리고 최선의 서비스를 하기 위해 노력하겠다고 말하고 나서 전화를 끊는다. 이런 사태에 대한 대응 방법은 다른 비즈니스에서도 볼 수 있다.

**고객**  이탈리아 여행을 갔는데 베니스에서 가이드가 시간표를 잘못 짜서 곤돌라를 못 탔다. 곤돌라를 타기 위해서 이탈리아에 갔었는데 이거 어떻게 피해 보상할 거야?

**사원**  죄송합니다. 곤돌라 관람은 베니스 여행의 최고의 인기 코스이고 안내책자에도 나와 있었는데… 보상해 드려야죠. 여행 계약서를 보시면 곤돌라 여행 대금의 2%를 보상하게 되어 있습니다. 보상 대금은 2만 원입니다.

**고객**  뭐? 여행 전체 금액이 아니라 곤돌라 여행 대금에서 보상한다고! 고작 2만 원?

고객은 직원들이 요구를 충족시켜 줄 것이라고 믿고 있었지만, 요구 사항이 충족되지 않아 화가 났다. 직원들은 고객이 원하는 것이나 기대하는 것을 파악하고 있어야 고객만족을 시킬 수 있고 과도한 요구를 한다면 당당하게 거절할 수 있다. 그렇다고 해서 성급하게 거절해서는 안 된다. 화가 난 고객은 가장 먼저 진정시켜야 한다.

화가 난 고객의 분노를 진정시키기 위해서는 고객의 분노에 동의를 표시한다. 가령, "네. 정말 화가 날만 하네요"라고 고객의 분노에 동의나 공감의 말을 하는 것이 분노를 진정시키는 방법이다.

그리고 난 다음에 고객의 문제를 해결하기 위해 질문을 하거나 경청을 한다. 고객의 말을 다시 풀어서 "이런 얘기인가요? 혹은 이런 의미로 말씀하신 건가요?" 하고 고객의 말을 정리하면서 대응을 한다. 여기서 질문해서 보다 많은 정보를 얻어내거나 고객의 말에서 문제의 핵심을 파악해 해결한다.

상대가 화를 낼 때는 자신도 맞받아쳐서 화를 내기 쉽다. 그러나 고객한테 그렇게 대하지 않도록 한다. 고객한테 불친절하고 냉담하게 대하면 두 번 다시 그 회사를 찾지 않는다. 당신이 성심껏 대응하면 고객이 감정을 가라앉히고 나서 자신이 화를 낸 것에 대해 미안하게 생각한다. 그러면 상대는 당신의 고객으로 남아 줄 것이다.

업무적인 친절을
개인적인 호감으로
착각하는 경우

젊은 여성이 부하로 있으면 남성 상사는 활기차게 일을 한다.
부하로부터 존경받는 상사의 지위를 얻을 수 있고, 운이 좋으면
사내 연애도 할 수 있다. 하지만 이런 드라마틱한 전개가 아니라
상사가 착각하는 경우도 많다.

남성은 여성의 미소를 보고 자신에게 호감이 있는지 어떤지를
파악하고 있다. 쌀쌀하고 냉정한 사람한테는 가까이 가려 하지 않
지만 자신한테 웃으면서 대하는 사람은 '혹시 자신한테 호감이 있
나?'라고 착각을 한다. 그러므로 잘 웃는 여성은 인기가 많다.

**상사**　미정 씨, 이번 프로젝트는 힘들었지만 함께 일해서 거래처
　　　사람들도 좋아하고 나도 미정 씨한테 고마운 마음을 갖고

**미정** 있어. 이번 일이 성공한 것은 미정 씨가 같이 일했기 때문
이야.

**미정** (환한 웃음을 지으며) 그렇게 띄어준다고 해도 아무 것도 없
어요. 팀장님은 정말 칭찬을 잘 하시네요.

**상사** 아니야, 진짜 그렇게 생각하고 있어. 늦게까지 열심히 했잖
아. 그 열정은 정말 대단했어. 데이트할 시간도 없었지?

**미정** 호호호, 상대가 있어야 데이트를 하죠.

**상사** 아니, 미정 씨처럼 성품이 좋은 사람이 애인이 없단 말이
야? (진지한 표정)

**미정** 없어요. 없어.

**상사** (갑자기 몸을 내밀면서) 아, 그런가? 정말 없는 거야? 언제부
터 없었어?

**미정** 계속 없어요. 팀장님 주위에 좋은 사람 있으면 소개해 주
세요.


술을 마시면서 이런 대화를 하면 겉치레 말인지 아닌지를 구별
하지 못하는 사람들이 많아진다. 호감을 느끼는 직원의 말을 듣고
진지한 태도로 개인적인 화제를 꺼내려고 하면 문제가 생기게
된다.

아무리 나이 차이가 있고 결혼한 상사라 할지라도 남성 상사와
단 둘이 있을 때는 오해하기 쉬운 대화는 하지 않는 것이 좋다.

특히 겉치레 말로 애인이 없다, 소개해 달라는 말을 할 때는 더욱 주의해야 한다. 이런 말을 듣고 착각해서 들이대면 곤란해질 수 있다. 당신이 데이트 요청을 거절한다고 했는데도 상대가 계속 들이대면 성희롱에 해당한다. 상대가 원하지 않는데 관심을 표시하는 행동은 치근덕대는 행위로 간주하므로 주의하도록 한다. 그리고 상대에게 분명하게 거절의 말을 하는 것이 중요하다. 분명하고 직접적으로 "저한테 이런 말을 하지 마십시오"라고 말한다.

그러고 나서 업무에 대한 얘기로 옮긴다.

"내일 거래처에 들고 갈 예산서인데요. 어느 선까지 가격을 조절할 수 있는 거예요?"

이직이나
퇴직하겠다고
말하는 경우

직장을 이직하고 싶을 때는 재직 중에 옮길 회사를 정하고 나서 그만두는 것이 좋다. 현재 근무하고 있는 곳을 퇴직하면 실업자가 되므로 면접에서도 불리하게 되기 때문이다. 새로운 근무처가 결정되면 지금 근무하고 있는 회사는 사표를 내고 다음 회사로 갈 준비를 하는 것이 좋다. 이것은 당신한테는 나쁜 얘기가 아니지만 상사한테는 말하기 어려운 얘기일 수 있다.

송희는 출판사에서 마케팅 업무를 3년간 근무했다. 회사와 집이 멀어 출퇴근에 1시간 반, 하루 왕복 3시간 걸린다. 그래서 다니던 직장을 그만두고 집에서 가까운 작은 출판사에서 아르바이트를 하기로 했다. 이때 상사한테 어떻게 말하면 좋을까?

**송희**  부장님, 말씀드릴 게 있습니다.

**상사**  뭔데?

**송희**  사실은 회사를 그만두려고 합니다.

**상사**  어? 갑자기 그런 말을 들으니 놀랍네. 왜? 뭐가 맘에 안 들어 그만두려고 하는 거야?

**송희**  아니, 그런 건 아니고요.

**상사**  상당히 곤란한데. 그만두면 지금 하고 있는 업무는 어떻게 되는 건가?

**송희**  부장님, 업무 인계는 제대로 하고 그만두겠습니다. 그 점은 염려하지 마십시오.

**상사**  다음 회사는 정했어? 어디야?

**송희**  네. 집에서 가까운 곳에서 일할 생각입니다.


당신이 회사를 그만둔다고 얘기할 때 상대가 어떻게 나올지 두려워하고 불안감을 느낀다. 사례에서처럼 부드러운 어조로 "회사를 그만 두려고 합니다" 하고 말하면 된다. 이런 얘기를 할 때는 긴장하기 때문에 미리 연습하고 나서 상사한테 얘기하는 것이 좋다. 간혹 "이런 말씀 드리게 돼서 죄송한데요. 미안하지만 회사를 그만두기로 했습니다" 하고 말하지 않도록 한다. 회사를 그만두는 것이 잘못한 일은 아니다. 당신이 잘못한 일이 없다면 이런 표현은 하지 않는 것이 좋다.

퇴직이나 이직하겠다고 상사와 면담하기 전에 다음과 같은 것을 준비한다.

① 상사한테 퇴직이나 이직을 하겠다고 말하기 전에 미리 종이에 적어 본다.

② 할 말을 연습한다.

③ 간단히 말한다. 구구절절 얘기하거나 변명할 필요 없다. "다른 기회가 생겨 그 기회를 잡기로 했습니다" 정도로 말해도 된다.

④ 미리 할 말을 준비한다. 상대가 당신의 말을 받아들이지 않고 논쟁을 하려고 할 때는 "생각해 주셔서 감사합니다. 하지만 결심했습니다"라고 단호하게 말한다. 상대가 어떤 말을 하든 준비한 말만 한다. "제가 계속 근무하기를 원한다는 것을 압니다. 그리고 그 제안에 감사드립니다. 하지만 저는 결심했습니다"고 한다.

⑤ 회사를 떠나면서 사장을 비난하거나 다른 직원들의 비리를 이야기하겠다고 말하지 않는다. 그렇게 하면 후회한다. 다른 사람들을 비난한다고 해서 당신의 기분이 좋아지지 않는다.

상사가
퇴근하지 않아
눈치보고 있는 경우

지금 트렌드는 일상의 소소한 행복을 추구하는 사람들이 늘어나면서 '소확행'이라는 말이 있을 정도다. 많은 회사에서 워라밸(Work and Life Balance) 개념을 받아들이면서 가급적 정시에 퇴근하는 직장이 늘어나고 있다.

그런데도 상사가 퇴근하지 않으면 부하도 퇴근할 수 없는 직장이 있다. 잔업수당을 일률적으로 일정액을 지급해 추가 비용이 발생하지 않는 한도 내에서 퇴근시간 후에도 남아서 업무를 하고 있다.

잔업 수당을 시간에 따라 지급하는 회사는 잔업을 권하지 않고 일감을 집에 가지고 가서 하라는 분위기다.

본래 업무가 끝나면 빨리 퇴근하는 것이다. 그러나 많은 사람들이 업무를 하고 있는 척하면서 상사의 얼굴을 보면서 귀가하는 타이밍을 재고 있다. 이런 사람들은 자신의 귀중한 시간을 낭비하고 있다. 당신이 "먼저 들어가겠습니다"라고 말하면 사람들이 수근대는 조직 분위기 때문이다.

"쟤는 왜 먼저 들어가는데? 누구 배경으로 회사에 입사한 거 아냐?"

"밤에 대학원에 다니면서 승진을 노리고 있는 거 아닌가?"

이런 말이 듣기 싫어서 일찍 퇴근하지 못하고 어쩔 수 없이 남아있는지 모른다.

이런 회사의 분위기에서 근무하는 사람은 가능한 자신과 같은 생각을 하는 사람들, 동조자 그룹을 만든다. 그리고 2~3명이 모여 퇴근 시간이 되면 같이 귀가한다. 귀가할 때는 "팀장님 일이 끝나서 먼저 들어가겠습니다!" 하고 말하고, 마치 우루루 몰려 나가는 것 같이 한다.

이것을 매일 반복한다. 그러면 상사가 "업무 끝난 사람은 빨리 귀가하도록 하세요" 하고 재촉하게 된다.

그런데 부서에 배치된 신입사원이 혼자 남아 있는 경우도 있다. 신입사원 교육을 별도로 하지 않고 배치된 현장에서 교육을 시키는 회사도 있다. 그러므로 상사에 대한 매너에서 사내업무규정, 업무하는 방법까지 모두 현장에서 교육시키는 직장이 늘고 있다.

이런 사람은 실습생과 같은 신입사원이므로 상사한테 허가를 받지 않는 한 빨리 퇴근해서는 안 된다고 생각하고 있다.

상사는 매일 아침, 신입사원에게 그 날 업무를 지시하고 하루 업무가 끝나면 역시 상사한테 보고하고 나서 퇴근하도록 했다. 문제는 상사가 퇴근시간이 지나도 외출에서 돌아오지 않는 날이 많음에도 불구하고 일일 업무보고를 요구하는 상사가 있어서 퇴근시간이 지나도 상사를 기다려야 하는 상황이다.

그는 신입사원이므로 아직 중요한 업무는 하고 있고 있지 않지만, 지시받은 업무를 끝내고 상사가 회사에 복귀하기를 기다려야 하는 입장이다. 이런 상황에서 신입사원은 어떻게 행동하면 좋을까?

상사에게 전화를 해서 상황을 설명한다.

**신입** 과장님! 아침에 과장님한테 지시받은 업무는 끝냈습니다. 이제 다음은 무슨 업무를 할까요?

**상사** 수고했어. 그렇구나. 아, 됐어. 오늘은 들어가도록 해요.

상사가 당신의 시간을 지나치게 많이 통제하는 경우는 직접적으로 말해 선을 긋는 것이 좋지만 신입사원 입장에서는 어렵다. 신입사원이라면 오히려 상사하고 친하게 지내면서 귀찮을 정도로 질문을 하거나 조언을 구한다. 그러면 상사는 성가시게 달라붙어 있으면 오히려 거리를 두고 싶어 한다.

의도적으로 영향력을
행사하는 상사와
대화하는 경우

입사 1년째인 고장식은 영업3과에 배치되어 상당히 좋아하고
있다. 직속 상사인 과장은 대범하고 솔직한 성격으로 직원들을 상
당히 잘 보살펴 주고 잘 이끌어 주는 사람이다. 사회인이 된 후 처
음으로 직속상사가 생겨서 더욱 좋아했다.

상사는 무엇보다 부하를 배려해 주는 사람이었다. 점심시간이
되면 사내에 있는 사람들한테 점심 먹으러 가자고 해 몇 명이 모
이면 모두 같이 점심 먹으러 나갔다.

매일 같은 사람들 하고만 어울리지 않고 많은 사람들과 상당히
공평하게 식사하러 갈 정도로 직원들을 공평하게 대하고 작은 일
에도 세심하게 신경 쓰고 있는 사람이었다.

입사 1년차 장식은 이 과장은 굉장히 훌륭하고 존경할 수 있는

상사로 보였다. 상사의 존재가 자랑스럽고 가장 존경하는 사람으로 이 상사를 꼽게 되었다.

그런데 어느 날부터 상사는 장식을 소홀히 하고 있는 것 같았다. 장식이 회사에 있어도 점심 먹으러 가자고 부르지 않고 저녁에 귀가할 때 맥주 마시러 가도 부르지 않았다. 주의 깊게 상황을 관찰해 보니 이것은 사실이었다. 장식은 마음에 상처를 입었다.

확실히 과장은 장식을 없는 사람 취급했다. 사회인으로서 처음으로 심각한 고민을 하게 되었다. 과장이 왜 자신을 미워하는지 생각할수록 괴로웠다. 아무리 생각해봐도 짚이는 데가 없었다. 그래서 선배한테 이런 상황에 대해 상담을 했다.

**장식** 이런 일이 있었어요. 선배님, 제가 어떻게 하면 좋을까요?

**선배** (크게 웃으면서) 그렇구나. 그런 일이 있었구나. 그거 그 사람 주특기야.

**장식** 네? 주특기요?

**선배** 그래. 자신의 영향력을 실험하고 있는 거야. 점심시간이나 귀가할 때 같이 마시러 가자고 했었는데 두 번 거절한 적이 있지? 그 일 때문이야.

**장식** 한번 거절하면 과장님한테 아웃당하는 건가요?

**선배** 그래. 단순하고 유치하지.

**장식** 그럼 저는 어떻게 해야 하는가요?

**선배** 간단해. '과장님 저도 보살펴주세요' 하면 돼. 과장은 자기 영향력에 만족해서 아무 일도 없었다는 듯이 대해 줄 거야.

신입사원을 이렇게 고민하게 한다면 이 과장은 냉정한 사람일 수 있다. 겉으로는 사람들을 배려하는 것처럼 보이지만, 냉정한 면을 갖고 있는 사람이라고 할 수 있다. 상사의 쌀쌀한 태도가 참을 수 없는 정도라면 그때는 직접 상사하고 대화한다.

상사와 대화할 때는 선배한테 얘기했을 때와 같이 말한다. 상사를 좋게 느끼고 있는 점을 먼저 얘기하고 난 후 상사의 어떤 점이 당황하게 했는지 그리고 그 때문에 어느 정도 마음의 상처를 입고 충격을 받았는지를 말한다.

선배가 험담해서
사기를
떨어뜨리는 경우

불평불만을 가진 사람은 어디에도 있다. 그러나 불평을 듣고 있으면 불쾌한 기분이 든다.

자신의 불행한 상태를 누군가한테 얘기하지 않으면 안 되는 사람은 불만을 얘기하는 순간은 위로가 되지만, 그 얘기를 듣고 있는 사람은 부정적이고 우울한 기분에 전염된다. 그래서 상습적으로 불평을 말하는 사람은 자신이 사기를 떨어뜨리고 있다는 것을 자각해야 한다.

특히 상대가 상사나 선배로 불만을 말하는 것에 대해 부정하면 상대는 더욱 당신을 비난한다.

"너는 내 얘기를 이해하는 거니? 네가 몰라서 그런 것 같은데. 사람 얘기를 진지하게 듣지 않는 구나" 하면서 오히려 화를 낸다.

평등한 입장에 있는 사람이라면 "험담하지 마!"라고 말하면 좋겠지만, 상하관계의 입장이라서 험담을 들어줘야 한다.

**선배** 저 과장 밑에 배속되어서 우리는 최악이야. 자기 맘에 드는 사람이나, 납작 엎드려서 아부하는 사람한테만 잘 해주고, 우리같이 아부하지 않는 사람한테는 아주 쌀쌀해. 그렇지?

**후배** 저… 그런 면도 있는 거 같아요.

**선배** 그런 면도 있다가 아니야. 아주 차별하고 편애하는 사람이야. (분노)

**후배** 맞아요. 선배님이 말씀하신 대로…네요. 그런 경향이 있어요.

**선배** 그 과장은 자신이 시키는 대로 하라고 강요할 걸. 정말 한심한 사람이라고 생각하지 않아?

**후배** 아닌데요. 선배님을 칭찬한 적도 있었어요.

**선배** 내가 저런 인간한테 평가당할 거 같아?

이런 사람과 대화할 때는 일단 상대의 말에 동조를 해 준다.

"맞아요. 우린 앞으로 힘들 거예요" 혹은 "그래요. 그 상사를 잘 알고 계신 것 같아요" 하는 식으로 동조해 준다. 그리고 다음에 "선배님 대단하네요. 벌써 정보 수집해서 파악해 놨네요."

"근데 선배님이 과장님하고 사이가 안 좋으면 우리 부서의 정보가 늦어져요. 그래도 선배님의 정보력은 대단하잖아요" 또는 "그렇게 어려운 상황에서도 일을 잘하는 거 보면 정말 대단해요." 라고 말한다.

하지만 상대의 잘못된 생각에 아무 생각 없이 동조하지 않도록 한다. 상대한테 동조해도 좋은지 어떤지 자신이 명확하게 판단하기 어려우면 애매한 대답을 해버린다. 어정쩡하게 동의해서 어딘가에서 "쟤도 말하던데"라고 당신을 불만분자로 여기지 않도록 한다.

이런 험담의 대화에서 벗어나기 위해서는 그대로 맞장구치는 기법이 오히려 좋다. 험담을 말하는 본인의 말을 그대로 똑같은 말로 해 주는 기법이다.

**선배** 저 과장은 편파적이다. 레벨이 낮은 사람이다. 그렇지?

**후배** 과장은 편파적이고 레벨이 낮은 사람이라는 건가요?

**선배** 아부하는 직원만을 소중히 여기고 그릇이 작은 사람이야.

**후배** 아부하는 직원만 소중히 하고 그릇이 작은 사람이라고 생각하고 있는 거죠?

**선배** 그래, 그렇다니까. (뭔가 분위기가 가라앉는다)

**후배** 그렇습니까? 그런 이유였구나.

부정적인 발언으로
직장 분위기를
해치고 있는 경우

인턴 기간을 거쳐 힘들게 고생해 정직원으로 입사해 의기양양했지만 직장의 분위기가 좋지 않은 것을 알고 기세가 꺾인다. 상사가 없는 곳에서는 회사에 대한 불평불만과 피해의식이 만연하고 있다.

다음 사례는 신입사원과 선배들과 저녁에 퇴근하고 술 마시는 장소에서 나눈 대화를 보기로 한다.

**선배A** 아침에 이선호, 걔는 활기가 넘치던데.

**선배B** 선호는 출장 가는 것을 좋아하니까 좋겠어.

**선배C** 출장에 가서 제대로 일하는지 누가 알아?

**선배B** 선호는 성실하니까 몇 배로 열심히 할 걸.

**선배D** 올해 전년대비 7%나 목표달성한 사람도 선호야.

**선배A** 선호는 아직 뭘 몰라. 목표달성하면 할수록 내년도 목표는 더욱 상승하는데. 목표달성액이 복리로 늘어나면 10년 지나면 첫해의 두 배로 늘어난다는 것을 모르는 거 같아.

**선배C** 누군가 선호한테 가르쳐줘. 성과주의 연봉제에 대해서.

**신 입** 저기 성과주의 연봉제는 좋은 거 아닌가요? 능력주의 아닌가요?

**선배C** 노동분배율이라고 들어 봤어? 정규 노동자의 수나 급여의 총액을 줄여 분배율을 낮춰가는 거야. 내부적으로 실적, 이익, 자금흐름을 좋게 해서 주가를 올리는 경영 방식이야. 종업원은 임금이 낮아지니까 극히 일부 사람만이 혜택을 보는 시스템이지. 열심히 성과를 올려서 나이도 들고 월급도 오르면 언제 해고당할지 모르는데 아무리 성실하게 일해도 충분히 보상 받지 못하게 돼있어.

**신 입** 아, 그런가요? 그럼 우리 회사는 꿈도 희망도 없는 건가요?

열심히 일해서 전문적인 인재가 되고자 하는 목표를 갖고 있는 신입사원은 큰 충격을 받게 된다. 영업실적으로 사내 최고인 선호 선배와 같은 인재가 되고자 했지만 여기에 있는 사람들은 야유와 조롱을 하고 있다.

마치 선배 세 사람은 모두 일을 열심히 하지 않기로 약속한 것처럼 보였다. 모두 부정적인 클럽회원같이 보인다.

그러나 회사에서 열심히 일하지 않으면 모두 해고될 수 있다. 직장인이 되었다는 것은 살아남기 위해 서바이벌 게임에 참가하고 있는 것이나 마찬가지다. 이런 피해의식과 부정적인 생각을 하고 있으면 살아남을 수 없다. 주변 사람을 맥 빠지게 하고 "난 안돼" 하는 생각으로 책임전가를 하게 된다. 이런 생각은 자신이 열심히 하지 않은 것은 회사탓, 경영방식 탓을 하고 자신은 극복할 수 없다고 생각하고 있다.

그런데 이런 선배들과 앞으로 어떻게 지내면 좋겠는가? 또한 더욱 긍정적인 대화를 하기 위해서는 어떻게 하면 가능할까?

먼저 결론을 말하자면 아이(I) 메시지로 대화한다. 아이 메시지는 나를 주어로 해서 말한다. 상대를 공격하는 대화가 줄어들고 자신의 생각, 감정과 같은 표현을 강조하는 대화법이다.

대화의 관점을 무언가 잘못되었거나 누락된 것을 분석하는 데에 초점을 맞춘다면 상대에 대해 평가하거나 비판을 하게 되고, 그 결과 공격적인 말을 많이 한다. 이 공격적인 표현을 하지 않으면서 긍정적으로 대화하는 방법이 아이 메시지 대화 기법을 사용한다.

"내가 뭔가 잘못 말했어요? 그럼 알려주시겠어요?"

"내가 예상한 것과는 다른데요. 어떻게 된 건지 알려 주세요."

"당신 말에 대해 의아한 점이 있는데요. 우리는 서로 다른 얘기를 한 것 같아요. …에 대해 다시 한 번 말씀해 주세요."

이런 말은 상대를 비판하거나 공격하는 의도가 아니라 이해하고자 하는 말이다. 당신이 아이 메시지를 활용해 대화하면 상대와 보다 진실한 관계를 가질 수 있게 된다.

자랑담을 하는
상사나
선배의 경우

사람은 누구나 자신의 얘기하기를 좋아한다. 자신에 대해 말하는 것은 상당히 편하기 때문이다. 눈앞에 있는 사람이 자신보다 아랫사람이라고 생각하면 심리적으로 편해지고 자신을 긍정하기 위한 얘기를 한다.

그런데 똑같은 자랑얘기를 몇 번씩 반복하고 있고, 당신은 억지로 동의해 주는 상황이라고 하면 상당히 불쾌할 것이다.

**선배** 재우 씨, 거래처에 프레젠테이션은 어때? 잘 했어?

**후배** 네, 전 열심히 했지만 그저 그랬던 것 같아요.

**선배** 응? 그저 그런 거야?

**후배** 네, 이번에 자료는 잘 만들었지만….

**선배** 설명이 잘 됐어?

**후배** 네, 임원들이 모두 나와 있어서 긴장해서…

**선배** 거울 앞에서 연습하라고 했지. 거울 앞에서 연습했어?

**후배** 네, 그것은…

**선배** 몇 번 연습했니? 최소한 다섯 번은 해둬야 해.
내가 럭키상사에서 계약을 따왔을 때는 임원이랑 담당 직원들이 20명 정도 나왔어. 20명 앞에서 하는데 전혀 긴장되지 않았어. 이 회사에서 반드시 계약을 따야겠다는 열정으로 전날 거울 앞에서 맹훈련을 했어. 열정이야. 열정.

**후배** 아… (또 그 얘기다…)


이런 선배의 자랑얘기가 시작되면 꼼짝 없이 붙잡히게 된다. 당신은 안절부절못하고 상대는 만족할 때까지 후배한테 자랑얘기를 반복해서 한다. "어때? 잘했지?" 하고 말하는 것뿐만 아니라 "진짜 대단해요!"라고 몇 번이고 말해 주길 바란다.

선배의 얘기를 질릴 만큼 들어서 이제 그만 들었으면 하고 생각해 다음과 같이 말하지 않는다.

"선배님 프레젠테이션 전날에 4시간 동안 20번 이상 거울 앞에서 연습한 덕분이죠?"하고 앞질러 말하는 사람이 있지만 이것은 역효과다. 이것은 자랑하고 싶은 사람의 승인욕구를 만족시키지 못하기 때문이다.

자랑담을 들어야 하는 사람은 오히려 칭찬해서 상대를 기쁘게 하고 상대가 빨리 만족할 수 있도록 하는 말을 한다. 그러기 위해서는 고지식할 정도로 칭찬해야 한다.

**후배**　럭키상사는 대기업이죠. 20명 앞에서 프레젠테이션을 하다니 역시 대단해요.

**선배**　상대가 강할수록 열정을 불사르지 않으면 안 돼.

**후배**　선배의 열정은 정말 대단해요. 보통 사람들의 몇 백배는 있는 거 같아요.

**선배**　아니, 몇 백배는 좀. 하지만 열정에는 자신 있으니까.

**후배**　역시 선배는 프레젠테이션의 달인이니까 정말 얘기 나누면 도움이 많이 되요.

**선배**　뭔가 좀 부끄럽네… 하하하.

자랑담을 처음 들으면 매력적인 사람으로 감동을 줄지 모른다. 그들은 자신을 실물 이상으로 훌륭한 사람이라고 생각하게 한다. 그러나 이런 말을 자주 들을수록 크게 보이고자 하는 태도에 질리게 된다. 가장 곤란한 일은 상대한테는 관심을 주지 않고 자신의 자랑만 늘어놓는 사람이다. 이런 경우 당신은 자신감을 잃지 않도록 주의하면서 듣는다.

상대는 얘기를 진심으로 들어주지 않으므로 당신이 자신이 말한 것을 들어주려고 노력해도 대부분 불필요하다고 생각한다.

여기서 중요한 것은 상대가 끊임없이 말할 때 상대를 멈추게 할 때는 다음과 같이 말을 한다.

"너한테 하고 싶은 재미있는 얘기가 있어."

"오늘 무슨 일이 있었는지 얘기해 줄게."

"요즘 일어난 일을 너한테도 얘기해 주고 싶어."

사소한 것을
지적당하는 경우

　신입사원으로서 부서에 배속되었을 때, 상당히 친절하고 여러 가지 가르쳐 준 선배가 있으면 기쁘다. 후배가 실수를 하지 않도록 세심한 배려해서 지도해주므로 고맙고 의지할 수 있는 사람이 된다.

　그러나 시간의 경과와 함께 신입사원도 성장한다. 어린이가 성장하면 부모가 아이와 떨어지듯이 선배도 그렇게 생각하지 않으면 안 된다. 상대한테 지나치게 사적인 부분까지 간섭을 하면 거 추장스러운 사람으로 미움받을 수 있다.

**후배** 거래처에 상담하러 갔다옵니다.

**선배** 거래처 가는 건가? 잠깐 기다려. 거기 과장님하고 만나지?

복장은 괜찮아? 머리모양은 제대로 하고 있는 거야? 구두는 잘 닦았고? 명함은 충분히 가지고 가는 거야? 메모장은 있어? 이런 사소한 것에 굉장히 신경질적인 사람이니까 조심하지 않으면 안 돼.

**후배** 괜찮아요. 벌써 두, 세 번 만난 적이 있어요. 처음 만났을 때, 선배가 가르쳐준 다음부터 조심하고 있으니까요.

**선배** 응. 손톱 청소도 좋고, 괜찮네. 아, 그렇다 사투리도 빨리 고쳐. 역시 표준말로 이야기하는 것이 좋지.

**후배** 네. (사투리는 소박하고 좋은 평가가 있는데…)

**선배** 존대말 사용을 잘 해.

**후배** 네… (왜 항상 풋내기 취급하는 거야. 기분 나빠)

이렇게 후배를 걱정해 주는 사람은 좋은 사람이다. 그러나 후배는 상당히 화가 나고 스트레스를 받는다.

선배는 어디까지 선의로 말하고 있지만 그 기분을 무시해서 후배가 반발을 하면 은혜를 모르는 건방진 사람으로 보인다. 일부러 생각해 주는 것이므로 충돌, 결렬의 사태는 적극적으로 회피하는 것이 현명하다.

**선배** 거래처, 잠깐 기다려. 그 회사 조 과장하고 만날 거야? 복장이나 머리 모양은 제대로 하고 있는 거야? 구두는 깨끗해? 명함이나 메모장도 준비했나? 조 과장은 사소한 일을 잘 따지고 중요하게 하는 사람이니까 조심해야 해.

**후배** 선배, 항상 걱정해 줘서 감사합니다. 이렇게 세심한 곳까지 걱정해서 가르쳐 줘서 감사합니다. 저도 조 과장님을 만난 적이 있고, 그때도 주의사항도 들었습니다. 저도 이제 이런 일은 해 낼 수 있다고 생각해요. 앞으로도 많이 가르쳐 주시기 바랍니다.

여기서 짚고 넘어갈 사항이 있다. 당신의 자신감이나 자기 결정권을 빼앗는 사람들이 있다. 바로 전문가들이다. 전문 지식이 있기 때문에 이들의 말을 중요시하고 있다. 그러나 이들의 말을 절대적이라고 생각해서는 안 된다.

당신의 몸이 아프다거나 자동차가 고장 났을 때, 전문가들한테 부탁하고 있지만, 이들도 잘못 생각할 가능성이 있고, 당신한테 맞지 않는 것을 추천하는 경우도 있다. 그들도 나름대로 편견이나 취향이 있고 이것이 당신한테 맞지 않는 경우도 있다. 당신이 가장 걱정하는 것을 그들은 신경 쓰지 않는 경우도 있다.

전문가의 제안에 질문할 권리가 있고 조언을 거부할 권리도 있다. 자신이 만족하는 수준으로 하는 것이 가장 바람직한 해결책이다. 어떤 옷을 입든지 자신이 안심할 수 있고, 편안함을 느끼는 것이 중요하다. 이것을 위협하는 사람들에게 'No'라고 말한다.

**머뭇거려 후회하고
말 못해서 손해 보지 않고
속 시원히 거절하는 기술**